権藤恭之
Yasuyuki Gondo

100歳は
世界をどう見ているのか

データで読み解く「老年的超越」の謎

ポプラ新書
262

はじめに――あなたは何歳まで、どんな風に生きたいですか？

　みなさんのまわりに、100歳を超える、いわゆるご長寿の方はいらっしゃいますか？

「人生100年時代」という言葉をよく聞くようになり、実際日本で100歳を超える人は9万2139人（2023年、厚生労働省）となりました。長寿化はますます進み、今後の予測では、2065年には100歳以上が55万人近くになる（国立社会保障・人口問題研究所）ともいわれています。

　でも、みなさんに「100歳まで長生きしたいですか？」と質問をすると、あまり積極的ではない答えが返ってきます。第1章で詳述しますが、日本、アメリカ、中国、フィンランド、韓国、ドイツの6カ国を対象にした調査では、「とてもそう思う」と回答したのは日本ではわずか8・1％と6カ国の中で最低でした。日本は100歳になる可能性が高い長寿国なのに、です。

ちなみに私たちも同じような調査をしていて、30歳から75歳の人に「何歳まで生きたいですか」と聞いてみたところ、「100歳以上」と答えた人は1割、最も多かったのは「80歳」でした。100歳を目指さない理由の多くは「寝たきりになりたくない」「人の世話になりたくない」というものです。健康だったら100歳でもいいけれど、という考えを多くの人が持っています。

自分は「なりたくない」と思っていても、100歳を迎える可能性はどんどん高くなっています。2007年に生まれた子どもは、その約半数が107歳より長く生きる（「人生100年時代構想会議・中間報告」）という推計もあります。「人生100年時代」、いや「人生110年時代」を具体的にどう考えればいいのか、そのためにはまず100歳以上の人たちの実態を知らなければなりません。

健康で社会的にも活躍できるような「100歳」はほんの一握り、あとは介護を受けたり、認知症が進んだりして、ようやく生活しているような感じなのではないか、そんな印象を持つ方が大半かと思います。私たちの調査によれば、支障なく生活できるという意味で、要介護・要支援の認定を受けずに「自立している」人は18%、現実の数字もみなさんがイメージしているのとさほど大きくは変わりません。

私がこれまでに会った100歳以上の人は500人を超えています。実際にお会いし、話を聞いたり様子を観察したりするうちに、自分自身、これまでイメージしてきたような「100歳」とは異なる部分を感じるようになりました。身体機能が衰えて、自由度が低くなっていても、幸せを感じる人が少なくないという結果が調査でも出ているのです。100歳以前とは異なる価値観や、日常生活の新たな楽しみ方によって、「私は幸福だ」と答える方が少なからずいるのです。

本書では国内外のさまざまな調査データの紹介と、また100歳の人たちのエピソードを交えつつ、100歳が世界をどう見ているのかを考えていきたいと思います。これにより、100歳に向かって生きていく私たち自身と日本の社会のありようを知る上で、少しでも有益なことになれば幸いです。

100歳は世界をどう見ているのか／目次

第4章 100歳の人は幸せか――「老年的超越」を手がかりに

第1章
人の寿命はどこまで延びるのか

100歳以上は9万人

「人生100年時代」という言葉をあちこちで見かけるようになりました。日本人の2022年の平均寿命は女性87・09歳、男性81・05歳（厚生労働省）と世界トップクラスですので、100歳を超えることはもう特別なことではありません。

では100歳以上の人は何人いるのでしょうか？　厚生労働省は毎年「老人の日」に当たる9月15日に100歳以上の人口を発表しています。2023年の発表では、9万2139人。前年から1613人増えていて、1971年から53年連続の増加です。内訳は女性が8万1589人、男性が1万550人と、9割近くが女性。ちなみにこの時点での最高齢は大阪府柏原《かしわら》市の女性で、1907（明治40）年生まれの116歳です。男性の最高齢は千葉県館山市在住、1911（明治44）年生まれの111歳です。

100歳以上の人口を公的に調べはじめたのは1963年で、その時は153人でしたから、60年間で600倍以上に増加したことになります。1981年に1000人を、98年に1万人を超えて、日本の長寿化に伴いその数が増えてきました。

この背景には医学の進歩、社会保障・社会福祉の充実、健康意識の向上など、さまざまな関連がありますが、平和で安定した世の中であったことも忘れてはならないでしょう。

日本の平均寿命は世界トップクラスといいましたが、人口10万人当たりの100歳以上の数も世界1位です。フランス、アメリカ、ドイツを上回り、福祉の充実で知られるスウェーデン、デンマーク、フィンランドをも超えています。

ただし、これらの世界各国の百寿者の割合が正しいかどうかといったことに関しては議論の余地があります。少し前に調べた時は、実はマレーシアが1位だったのです。しばらくしてから修正されましたが、日本のような戸籍制度と住民基本台帳制度を持っている国は必ずしも多くはなく、特に発展途上国の場合、実態と異なっている場合が見られます。

2014年には、日本で開催されたマスターズ陸上競技にインドの「自称116歳」の男性が参加登録し、「年齢が本当なら走れないのでは」と各メディアで話題になりました。パスポートの写しの生年月日には1897年10月6日と書かれていたそうですが、結局ビザが下りず、来日しませんでした。

年齢を証明するのは書類だけ？

生物が生まれてからどれだけの時間が経過しているのかを、記録や他者の記憶によらず、その生物そのものだけを情報源として正確に知る方法は今のところありません。樹木であれば年輪が刻まれているので、それを数えることで樹齢何千年でも確認することができます。人間のしわは年輪にたとえられますが、しわは年輪のように時間経過を正確に刻むものではありません。

以前、世界の長寿地域が話題になったことを覚えている方もいるでしょう。長寿地域のひとつにペルーの山岳地帯が挙げられていました。その地域で生活している人は年を取っているのにとても元気だというのです。しかし、研究者が実際に現地で調査をした結果、年を取って見えるのは、強い紫外線に当たっているからで、実際の年齢は見た目の年齢よりもずっと若かったと報告されています。

私が若い時に読んだ論文では海女さんの研究がありました。海女さんは海に潜って仕事をするので、心肺機能が普通の人に比べて高いけれど、老けて見えるという内容だったと記憶しています。顔を水面に出しているので顔だけ日焼けしてそのように見えるのでしょう。

ただし、このように特別な状況にない場合は、見た目は老いを推し量る手がかりとして重要なようです。ある研究では、若い人にだいたい83歳前後の人たちの顔写真を見て年齢を予測してもらったところ、予測された年齢は64歳から85歳と大きく開きがありました。また、その見た目年齢は、実際の年齢よりもその後の死亡までの期間と関係が強かったとのことです。実際の年齢よりも見た目に生物学的な年齢が現れるというのは、老化現象の不思議な点ですね。

生物学的な老化に関しては、白髪が増えるとか筋力が低下するといった具合に変化が起きることはわかっていても、どうして起きるのかという根本的なことに対する答えはないようです。

生物の細胞は絶えず新しく生まれ変わります。その中で老いが生じるのですが、そのために年輪のように同じ物質が体の中に残らないのです。

近年、遺伝子の研究が進歩し、個人の生物学的年齢を推定する方法が発展しています。ＤＮＡの末端に、テロメアという細胞分裂を繰り返す際に短くなっていく部位があります。これは年とともに短くなります。また、ＤＮＡがたんぱく質をつくる機能を制御する仕組みであるメチル化が加齢と関係することもわかってきました。しかしこれらから測定できるのは、生物としてどれくらい年齢が進んでいるのかという生物学的な年齢です。したがって、個人の生物学的特性やこれまでの生活環境にも大きく影響を受けるので大まかな年齢はわかったとしても、正確な年齢の推定には使えないのです。これだけ科学が進んだ現代でも、年齢を知る手がかりが書類しかないというのは面白いと思いませんか？

超高齢社会という現実

ここで、社会の「高齢化」の定義について考えてみます。WHO（世界保健機構）では、全人口に対する65歳以上の人口の比率でその言葉を決めています。すなわち、7％以上を「高齢化社会」、14％以上を「高齢社会」、21％以上を「超高齢社会」と定義しています。

現在は高齢者の定義を65歳以上とするかどうかの線引きが問われていますが、日本では1956年の国連の報告書で65歳以上を高齢者と位置づけ、当時の欧米先進国の水準からこのような定義をしたとする説もあります。テレビなどで出演者が「高齢化社会では……」というフレーズを使っているのを聞くと、私はついつい突っ込みたくなります。日本は1970年に「高齢化社会」、94年に「高齢社会」となり、2007年にはすでに「超高齢社会」を迎えています。2023年は65歳以上が29・1%にも達しているのです。

この原稿を書いている5月23日の経済財政諮問会議（議長・岸田文雄首相）では、健康寿命が延びている中、高齢者の定義を5歳延ばすことを検討すべきだと指摘したとのニュースを見ました。私は最近授業で日本の高齢化の現状を紹介する時、65歳を高齢者としたグラフと75歳を高齢者としたグラフを使い、後者を現代の高齢社会の現状だと説明しています。そのグラフは、30年前に初めて日本老年社会科学会に参加した際、人口学の権威であった黒田俊夫先生が話しておられたのと同じ内容です。ポイントは、「75歳を高齢者にすれば高齢者問題は大きく変わる」というようなことだったと思います。5歳ではまだまだ実態に追いつかないと考えるのは私だけでしょうか？

100歳を超えることが当たり前に

長寿化が進むに伴い100歳以上の人口も増加しています。本書の冒頭で述べたように、国立社会保障・人口問題研究所の推計（2017年）では、2065年には54万6566人になるとしています。ちなみに100歳以上の人を「百寿者」もしくは「センテナリアン」（centenarian）と呼びます。110歳以上の人はスーパーセンテナリアンです。

政府は1963年に100歳以上の高齢者を表彰して以来、9月15日の「老人の日」（1966～2001年は「敬老の日」と呼称）の記念行事として100歳を迎える高齢者に総理大臣からのお祝い状と記念品を贈呈しています。私が100歳の人の訪問調査をすると、居間や寝室に総理大臣の名前が書かれた表彰状が壁にかかっていることがあります。当時不人気だった総理大臣の名前が書かれている表彰状を指さしながら、「みんなは嫌っているけど私は大好きです」と話す人もいました。

昔々は、記念として100万円を提供していた自治体もあるそうですが、百寿者人口の増加とともに減額され、記念品だけになっているところが多いのではないでしょうか。実は、私の祖母も100歳の表彰を受けています。100万円のお祝い金はもらえませんでしたが、総理大臣の表彰、金杯、白磁のツボをいただきました。当時すでに百寿者の研究をしていたので、それを見た時は正直誇らしかったです。

このように、100歳達成は社会で祝うべきことでありますが、今や特別なことではなくなりつつあります。むしろ将来的には、100歳を超えることはごく普通のことになるでしょう。まさに「人生100年時代」は一部の人たちのことではなく、私たちひとりひとりが直面する事柄となっているのです。

それは家族などの介護を含めた100歳の人との付き合い方として、また自分自身が100歳になるということとして、さらに社会としてそれぞれにどう向き合うかという課題として表れています。つまり個人のレベルでも社会のレベルでも、「人生100年時代」のモデルが必要となっているのです。

人は何歳まで生きることができるのか

では、人間はいったい何歳まで生きることができるのでしょうか？

これまでの世界最長寿者はジャンヌ＝ルイーズ・カルマンさんで、122歳と164日です（23ページ写真）。フランスの女性で1875年に生まれ、1997年に亡くなっています。一方、男性の世界最長寿者は116歳と54日の木村次郎右衛門さんで、1897年に生まれ2013年に亡くなりました。このふたりについては研究者による調査データが残っていますが、認知機能の衰えはなかったという結果が出ています。

カルマンさんはアルルに住んでいて、そこに滞在していたフィンセント・ファン・ゴッホが親族の営む画材店に絵具と鉛筆を買いに来たということを覚えており、世界的に話題となりました。また、カルマンさんは100歳まで自転車に乗っていて、114歳で大腿骨《だいたいこつ》を骨折するまで歩くことができました。長寿の秘訣《ひけつ》は大好きなチョコレートを食べて赤ワインを飲むことだったそうです。

私がカルマンさんの話を聞いて長生きは悪くないと思ったことがあります。「リバースモーゲージ」という言葉を聞いたことがあるでしょうか。日本でも少し知られるようになりましたが、これは自分が住んでいる家を担保にお金を借りることができるシステムで、彼女はその契約を地元の人と結んでいたのです。細かいところは知りませんが、死んだら不動産を接収してもよい、しかし、生きている間は生活費を支払ってもらうということが条件だったと記憶しています。

でも予想以上に長生きするとどうなるか、想像できるでしょうか。カルマンさんが長命だったために、相手のほうが先に亡くなってしまい、その契約が息子に引き継が

122歳の史上最高齢者としてギネスに記載されるジャンヌ＝ルイーズ・カルマンさん（1996年2月撮影。写真：ロイター／アフロ）

116歳の誕生日を迎えた木村次郎右衛門さん（2012年12月26日撮影。提供・京丹後市）

れたそうです。そして、彼女の生涯の生活費はその契約をもとに支払われたとのことでした。

早起きは三文の得といいますが、長生きは億万の得というところでしょうか。この話を聞いて私も長生きしようと思いました。彼女は凍った水道管の氷を溶かそうとして地下室でボヤ騒ぎを起こした後、施設で最晩年を過ごしたのですが、その最晩年の様子はほとんど知られていません。

世界最長寿者の男性の日常生活

男性の世界最長寿者である木村さんは京都府に生まれ、郵便局の仕事に就き、退職後は畑仕事をしていました。晩年は朝5時に起床し、午後8時に就寝するという規則正しい生活を続け、食生活では朝にヨーグルト、サツマイモ、梅干しを、夜に牛乳を摂ることを習慣としていました。

私は木村さんとは5回会って、さまざまな話を聞きました。初めて会ったのは木村さんが111歳の時でしたが、とてもお元気でした。木村さんは慶應義塾大学が105歳以上の人の調査を行っているという記事を読んで、自分から連絡をくれたのです。京都府北部の京丹後《きょうたんご》市に住んでいたので、私は東京から伊丹空港、コウノトリ但馬《たじま》空港と飛行機を乗り継いで、そこから車でお宅を訪問しました。

木村さんは耳が遠く、老眼も進んでいたので認知機能テストはうまくできませんでしたが、畳の間に背筋をピンと伸ばして正座する姿が非常に印象的でした。はきはきと質問に答え、自分の人生を小冊子にまとめていたこともあり、記憶も細部にわたっていました。

この時は一緒に研究をしている慶應義塾大学医学部の広瀬信義《のぶよし》先生に同行したのですが、インタビュー終了後、私は広瀬先生に「こんなに元気な111歳がいるわけがない。きっと年齢を偽っているに違いない」と話したのを覚えています。

その後、私は戸籍だけでなく、国会図書館で地域の資料を探したりして、結局、小学校の卒業者名簿に木村さんの名前が記載されていたことにたどり着いて、生年月日が正しいものであることを確認しました。

生年月日を検証するために、他にも木村さんが話したことを細かく調べたことがあります。結婚した時にはまだ家まで電気が通っていなくて、蠟燭《ろうそく》の明かりで夜を迎えたという話でした。ただ近いうちに電線の設置されることが決まっており、すでに電灯の配線は終わっていたといいます。いろいろ調べて、正確に電線が設置された年月日はわかりませんでしたが、この地域に電気を配給するためのダムが結婚の年に稼働開始していたので、話の内容は正しいと考えることができました。

年齢の確定は簡単ではない

ちょっと横道にそれますが、年齢を確定することの難しさをお伝えしましょう。日本では1872（明治5）年に戸籍制度が敷かれました。そして1952（昭和27）年に住民登録制度が開始され、後に住民基本台帳と戸籍がリンクされて、かなり正確に年齢を定めることができるようになりました。

実は、正確な記録がなされる前の時代には、結構多くの100歳以上の人がいたと記録に残っています。ところがその後減少してから現在の100歳以上人口の増加が始まりました。どうしてこのようなことが起こったのでしょうか。

戸籍制度が始まった頃は、いつ生まれたかはっきりしない人がある程度いたと推測されています。たとえば戸籍制度が発足した当時、生年月日の登録が必要でしたが、高齢者の場合、生まれた年の十二支は覚えていても、年齢は定かでない人が結構いたのではないかと考えられています。そのために生まれ年が同じでも、見た目が老けていたら誕生年が12年間早く記録されたのではないかと、日本大学経済学部の教授で、人口学を研究している齋藤安彦先生は考えています。

また、昔は戸籍登録そのものを忘れてしまうことも多かったようです。奄美大島の１００歳調査時に聞いた話なのですが、出生届を提出する役所が島の反対側にあり、村の人はめったにそこに行かないため、誰かがそこに行く時に出してもらっていたそうです。頼まれた人が出し忘れて、小学校に入る年になってから無戸籍が発覚することがたまにあったそうです。

世界で日本のような戸籍制度を持っている国は必ずしも多くないのです。おおまかにいえば、戸籍制度は家制度を前提として成り立っており、中国など東アジアで広がっているのに対し、ヨーロッパは個人単位が原則なので、そういった登録制度がないということです。日本の場合は、自治体からの１００歳の人への表彰があり、１９７２年以後は１００歳になった人の調査を行っているので、その人数の正確度はかなり高いと思います。

とはいえ、時には家族が高齢者の年金を頼りにしているために、亡くなった人を生きていることにしていたという事件が報道されることもあります。2010年にフランスで100歳の研究に関する会議に出席していた時、毎日のように死亡届が提出されていないケースが新聞で報道され、朝食のたびに「今日もか」とからかわれたことがあります。また、日本に百寿者が多いのは、「早く年金をもらいたいから高齢を偽っている人がいるのだろう」などと疑われたこともありました。そんなこともあって、木村さんのケースは疑われる余地がないように一生懸命に資料を集め、慎重に検討したので、間違いありません。

長寿をもたらす要因とは

カルマンさん、木村さんの例を見ると、人間の寿命はいったいどこまで延びるのかという疑問が生じます。記録上で検証された世界初の110歳到達者は、オランダのヘアート・アドリアーンス・ブームハルトさんという男性で、1788年に生まれ1899年に亡くなっています。記録の正確性ということもあり、20世紀になって本格的に長寿の記録が取られるようになったと思われます。

最長死亡年齢（その年に死んだ人の中で最長寿者の年齢）の変遷からすると、最長死亡年齢は上昇し続けています。医学の進歩や社会環境の変化により、特に先進国では長寿化が確実に進んでいます。

しかし寿命の長さには限界があるのではないか、という説もあります。寿命がどこまで延びるのかという問題について、私は、そもそも人間は遺伝的にそんなに長生きができないようにできていると考えています。つまり、生物としての遺伝的な多様性を保つために、自分は死んで次の世代につなげるようになっていると私は思うのです。

最近、長寿の研究でハダカデバネズミが注目されています。老化に対して耐性があり、代謝を低下させることで酸化のダメージを防いでいるなど、齧歯目《げっしもく》にもかかわらず30年も生きることができるために生物学者がその長寿の要因を探っています。もしかしたらその研究から長寿をもたらす要因が見つかるかもしれませんが、一方で興味深いことに、ハダカデバネズミの個体間の遺伝子の多様性は極端に小さいといわれています。

そもそも遺伝子の多様性とは、個体の特徴を生み、さまざまな環境下で種の絶滅を防ぐために生物に備わった特徴といわれています。ハダカデバネズミは変化の少ない、砂漠の限られた地域で生活しているため、似たものばかりになって現在の状態に至ったそうです。

地上で生活している人間ではそのようなことは起こりそうにありません。今後iPS細胞が実用化され、古くなった臓器を置き換えることができるようになると150歳くらいまで生きる人は出るかもしれませんが、そこまで、脳が個人の人格を維持したままの状態を保ち続けることができるのでしょうか。あまりにも長生きすると、人は、「何かわからない自分」になってしまうかもしれません。

「センテナリアン」と「百寿者」

先述のように、100歳以上の人たちは「百寿者」と呼ばれます。この言葉は鈴木信《まこと》先生（医学博士、琉球大学名誉教授）の造語です。鈴木先生は日本の百寿者研究の先駆者で、沖縄県に長寿者が多いことに着目し、さまざまな調査・研究を行っています。91歳になった現在も沖縄で現役で診療をされています。講演活動や地域の活動も活発にされていて、その情熱には驚かされます。

「百寿者」は、英語では「センテナリアン」といいます。世紀は英語でセンチュリーですから、一世紀人、つまり一世紀を生きた人という意味です。私が百寿者の研究に魅力を感じるひとつの理由は、この「一世紀を生きた人」という言葉にロマンを感じるからかもしれません。

私が百寿者に初めて会ったのは1992年のことです。当時は東京都老人総合研究所（現・東京都健康長寿医療センター研究所）に勤めており、年齢を重ねることで認知機能がどう変わるか（加齢変化）ということを研究していました。勤務して1年経った時、アメリカのジョージア大学に半年間派遣されました。当時、ジョージア大学には認知機能の加齢変化について世界的権威のレオナルド・プーン先生が在籍していました。

プーン先生の関心はだんだんと長寿者の研究に移っていって、大学付属のジェロントロジー・センターの所長も務められていました（「ジェロントロジー」は日本語では「老年学」と訳されています）。私の滞在中には、「国際百寿者研究会」が同大学で開催されました。当時、世界で百寿者について系統立てて研究している国は、日本、ハンガリー、スウェーデン、アメリカくらいで、こぢんまりとしていましたが濃厚な研究会でした。私も研究会に参加させてもらいましたが、まだ百寿者研究には直接関わっていなかったので、議論されていたことの意味をよく理解できていなかったと今になって思います。

百寿者の長く楽しいスピーチ

その国際百寿者研究会の中で、大学主催のディナーパーティーがありました。パーティーのメインスピーチを務めたのは「ジョージア百寿者研究」の参加者の女性です。百寿者研究会で百寿者本人がスピーチするのですから、会場は大いに盛り上がりました。

司会者に紹介されると、彼女はその場で立ち上がり、謝辞を述べた後、自分の生い立ちについて話しはじめました。詳しいことは忘れましたが、農村で生まれたが、自分が誕生した時はお医者さんに馬車で家に来てもらったというエピソードに始まり、学生時代のことや仕事のことなどを話していきます。

30分ほどスピーチが進んでも、中年期の話をしていました。まだ、半分くらいです。元気そうに話していましたが、ずっと立ったままなので、100歳のところまでこのまま話すことができるのだろうかと私は心配になりました。これは周囲の人たちも同じだったようで、皆、彼女のスピーチに集中し、一挙手一投足を凝視するようになりました。

そのような雰囲気の中で、彼女が息継ぎのために少し話を止めた瞬間、司会者が話を遮《さえぎ》り、会場が一斉に拍手をしてスピーチを締めくくることができました。もっと話したかったのでしょうが、彼女は満足そうな笑顔を浮かべ、手を振りながら着席しました。

ちなみに、プーン先生は自立して生活している80歳の人を「マスター・サバイバー」(master survivor)、100歳の人たちを「エキスパート・サバイバー」(expert survivor) と呼んでいます。日本語にするとそれぞれ「生き残りの達人」と「生き残りの名人」になるかもしれません。プーン先生はこのふたつを比較することで100歳長寿の秘密を探ろうと考えていたのです。スピーチをした女性はまさに「生き残りの名人」にふさわしい姿で、その笑顔は忘れることができません。

500人以上の百寿者にお会いして

私がこれまでに会った100歳以上の人の数は、500人をゆうに超えていると思います。これだけ多くの百寿者に会っているのだからギネスブックに申請したら、と冗談交じりでいう人もいます。たしかに、心理学者としては世界トップクラスだと思いますが、もっと多くの百寿者にインタビューしてきた人がいます。それは元慶應義塾大学の広瀬信義先生です。広瀬先生は1992年から百寿者研究を始め、この分野を牽引《けんいん》してきた研究者で、その業績をもとに2014年には「慶應義塾大学医学部百寿総合研究センター」が開設されています。

私が百寿者研究に携わるようになったのは広瀬先生のお陰です。プーン先生の引き合わせで、私は広瀬先生の研究チームに加わることになりました。これが1998年のことです。広瀬先生の奥様が運転する車で百寿者を訪問して話を聞くという、少人数の「家族経営的」な研究チームの活動が始まりました。

その後、調査の基盤づくりを本格的に行い、慶應義塾大学医学部と東京都老人総合研究所の共同で「東京百寿者研究」を開始しました。2000年から2003年にかけて、東京都23区在住の100歳以上を対象に行った調査です。当時、住所の判明した対象者は1194名で、調査参加者は514名でした。そのうち質問紙の郵送のみによる人が210名、郵送に加えて訪問調査をした人が304名でした。私も車を運転して1日に2、3人を訪ねました。まだカーナビがなかったので、地図で調べて電信柱の住所表示で確認しつつ、百寿者のお宅を探したものです。ロンドンのタクシー運転手は、すべての道を覚えなければならないので、脳の容量が大きいという研究があります。当時私の脳もかなり大きくなっていたのではないでしょうか。

２００３年からは全国の１０５歳以上の調査「全国超百寿者研究」にも参加しました。これは全国規模の調査ですので、朝、飛行機で現地に飛んで、レンタカーで対象者を訪ねるというものでした。１日に１００キロ以上運転することもあるなど、大変な労力がかかりましたが、その中で日本の男性最高年齢の木村次郎右衛門さんを調査する機会にも恵まれました。

広瀬先生とふたりで調査で高知に行きました。地図通りに道を進むのですが、最後はすれ違いができないほどの山道になって、不安が増してきます。その時交番を見つけたのです。道を尋ねるとまだ先だということでした。あの時ほど安心したことはありません。私の同僚の稲垣さんは広瀬先生と一緒に北海道に調査に行って、一日中ミルクに焼酎を入れて飲み続けている百寿者に会った話を聞かせてくれました。その帰り猛吹雪に遭い、視界ゼロの中、なんとか開いていた何でも屋を見つけて暖を取れたそうです。それで、その百寿者が焼酎を飲んでいる理由がわかったわけです。

心とからだ、3年ごとの変化を調査

現在私は2010年に始めた「SONIC調査」に取り組んでいます。これは70歳（Septuagenarian）、80歳（Octogenarian）、90歳（Nonagenarian）の調査を100歳（Centenarian）の調査と並行して行う（Investigation with）もので、その頭文字を取ってSONICとしています。

調査の中心は健康長寿研究会（大阪大学と東京都健康長寿医療センター研究所）が担っており、さらに慶應義塾大学、神戸大学なども加わり、医学研究者、歯学研究者、心理学者、社会学者、栄養学研究者たちが多角的に調査をしています。2024年現在、総数は3000人以上になります。

調査地は兵庫県の伊丹市と朝来《あさご》市、東京都の板橋区と西多摩地区（檜原村《ひのはらむら》、奥多摩町、日の出町、青梅市）を選び、伊丹市と板橋区は「都市部」、朝来市と西多摩地区は「農村部」と考えました。

「SONIC調査」は同じ人を3年ごとに調査して、加齢でどのように体や心理が変化していくかを調べています。たとえばある時に80歳、90歳、100歳のグループを作り、それぞれのデータから80歳から100歳への変化を予測することは可能です（横断的調査といいます）。しかし、調査コホート（調査の対象集団）の世代的な特徴もあり、たまたま元気だったりその逆だったり、また時代によって特徴的な心理的な傾向を持っていることも考えられます。

これに対して、同じ人を調査すれば、加齢によってどう変化するかを確実にとらえることができます（縦断的調査といいます）。ただし長期にわたる調査になりますので、その体制や費用が必要で簡単には実施できません。

先ほど百寿者の国際研究会について触れましたが、外国の研究者とも交流を持っています。アメリカでは「ニューイングランド百寿者研究」チームと慶應義塾大学のメンバーが中心になって、長寿遺伝子の研究を進めて成果を上げています。私は「ジョージア百寿者研究」チームやニューヨークの百寿者研究チームと東京の百寿者を比較する研究をしています。

２０１０年に発足した「５ＣＯＯＰ研究」では、スウェーデン、デンマーク、フランス、スイス、日本の５カ国で共通の質問を設定して、各国の比較をしています。ヨーロッパの国の中に日本が入っているのは、日本が世界有数の百寿者大国であることに加えて、戸籍制度が整備され、年齢に関する情報が信頼できるということがその理由です。

激動の100年を生きた人

先に紹介したジョージアの百寿者の女性は、スピーチで自身の100年の人生を振り返っていました。彼女の話は、現代に生きる私たちにとってきわめて貴重なものです。

心理学では、個人が経験したエピソードの記憶を「自伝的記憶」と呼んでいます。自伝的記憶の特徴は10代後半から20代のエピソードが多いことです。私が話を聞いた高齢者においても、その傾向は顕著でした。

私は百寿者の話を聞くのが好きです。それは、それぞれの人の語りを通して過去の出来事が現代によみがえってくるからです。時にはドラマを見ているような、時には自分がその場にいるような不思議な感覚にとらわれることもあります。まるでタイムマシンに乗って過去にさかのぼっているような気がします。

私が百寿者の話を聞きはじめたのは1999年でしたので、その人たちは1900年前後に生まれています。まさに20世紀を生き抜いた人たちです。

日本のその期間の大きな出来事を振り返ると、日露戦争（１９０４〜05年）は４、５歳の時です。12歳から26歳頃が大正時代（１９１２〜２６年）ですので、大正デモクラシーの自由な雰囲気を感じつつ、青春時代を送ったかもしれません。関東大震災（１９２３年）を経て世界的な不況に巻き込まれる昭和初期、そして日中戦争（１９３７年〜）から太平洋戦争（１９４１年〜）へと突入します。召集されて戦地に行った人もいるでしょうし、空襲の被害を受けた人もいることでしょう。

１９４５年の終戦とその後の混乱や食糧難を乗り越えて、東京オリンピックの時は60代半ばですから、やっと一息ついた感じがしたかもしれません。その後、バブル経済、平成不況などがありましたし、阪神・淡路大震災（１９９５年）などの災害もそれぞれの場所で体験しています。百寿者ひとりひとりにとって、激動の歴史だったと思います。

百寿者は「タイムマシン」

タイムマシンを実感させてくれた例をふたつ挙げましょう。ある女性は、自分の思い出を絵日記のような形で残していました。ＮＨＫが２００２年から２０１１年に放送していた「百歳バンザイ！」にも出演されたことがある、元気な人です。包装紙や広告の裏紙を丁寧に伸ばしてとっておいて、画用紙代わりに使用していました。東北出身で、初めて東京に来る時に汽車に乗りながらずっと不安を感じていたことを描いた絵は、今でもよく覚えています。

さて、この女性を含めて高齢者の人たちと、墨田区の「江戸東京博物館」に遠足に行くイベントを企画したことがあります。この博物館は、江戸時代の日本橋や芝居小屋を実物大で再現したり、明治時代の銀座煉瓦《れんが》街の様子を立体的に展示したりしています。江戸時代の街並みの再現模型を見て、この女性は「私の育った街とそっくりだ」と突然、声をあげました。

私にとっては自分とは関係のない歴史的な展示でしたが、彼女にとっては記憶に残る現実の光景だったのです。過去の記憶を絵にする習慣があるなど、昔の出来事をイメージとして残すことができる、まさに「タイムマシン」のような人だといえそうです。

また、大川ミサヲさん（1898〜2015年）という、ギネスブックに「生存している世界最高齢者」として認定された女性の話を聞いたことがあります。117歳で亡くなられましたが、当時日本人としては1800年代生まれの最後のひとりでした。ほとんどの話は、息子さんから聞いたのですが、息子さんも当時90歳を上回っていました。

大川さんは大阪市天満《てんま》の呉服屋の娘さんとして生まれ、昭和初期の「大大阪時代《だいおおさかじだい》」を経験した人で、昔、宝塚歌劇団が大好きでよく見に行ったそうです。四国出身の別の100歳の方からは、やはり数カ月に1回船に乗って宝塚歌劇を見に来ていた話を伺いました。今とは異なる当時の大大阪の活気が目に浮かびました。ご家族が神戸に住んでいた頃は、しばしば中華街に食事に出かけたそうで、辮髪《べんぱつ》の人たちが働いていたと話されました。

大川さんは102歳の時に足を骨折しますが、それ以外は大病をすることはなかったといいます。117歳の誕生日には、「(これまでの人生は)短かった」、「今は幸せです」と答えています。後日、ある新聞記者さんに誘われて、施設で生活されていた大川さんの一日に付き添ったことがあります。朝から夕方まで朝食、水分補給、休息、昼食、入浴、休息、夕食、睡眠となかなか忙しい生活を送っていて、それを支える施設の職員さんの働きには驚きました。その時「幸せですか」と大川さんに聞いたのですが、「すこし幸せ」と答えたのを私は忘れることができません。

歴史を感じさせる百寿者たち

私がこれまでに話を聞いた中で最も古い時代の記憶は、日露戦争の勝利を祝して行われた提灯《ちょうちん》行列を見たというものです。子どもだったので意味はよくわからなかったけれど、とてもきれいだったので印象に残っている、とのことでした。提灯行列は日清戦争、日露戦争の祝勝の時などに全国で大規模に行われたという記録が残されていますが、長く続く提灯の光は幼心に印象深かったのですね。

また仕事の帰りにいつものように皇居の横の道を歩いていたら、兵隊さんが通り道を塞《ふさ》いでいて、いったいなんだろうと思いながら帰宅した。そうしたら翌日の新聞で「2・26事件」だとわかったそうです。1936（昭和11）年のことです。

東京の調査では、関東大震災と空襲の話を聞くことが多かったです。どちらも多くの死者が出ており、生きるか死ぬかというぎりぎりの体験なので、脳裏に焼きついているのも当然です。「たまたま逃げた方向がよかったので助かった」と生き延びた幸運をしみじみと話してくれました。

ちょっとタイプは違いますが、日本に除草剤を導入したという元大学教授の話も印象的でした。その人は家が印刷業を営んでいて、家にあった売り物の本を読んでいたので勉強がよくできたそうです。それを知った長屋の大家さんが、「この子は上の学校に行かせたほうがよい」と親にアドバイスしてくれて、大学まで進学することができました。

大学では除草剤の研究をするのですが、それには農家の生活が深く関わっていました。戦前（戦後もそういう時期があったでしょうが）の農家は、田んぼや畑の草取りが大きな仕事でした。次々に生えてくる雑草をひとつひとつ手で抜かなければならない。腰をかがめてやる仕事なので、それが農家に腰の曲がった人が多い原因のひとつでした。この人は腰痛に悩む農家の人たちを楽にしてあげたいと考えて、除草剤の研究をして導入を進めたと話してくれました。私たちは農薬についてあまりよいイメージを持っていませんが、農業の歴史を考えるとそう単純なものではないということを教えてもらいました。

図1　100歳まで生きたいと思いますか？

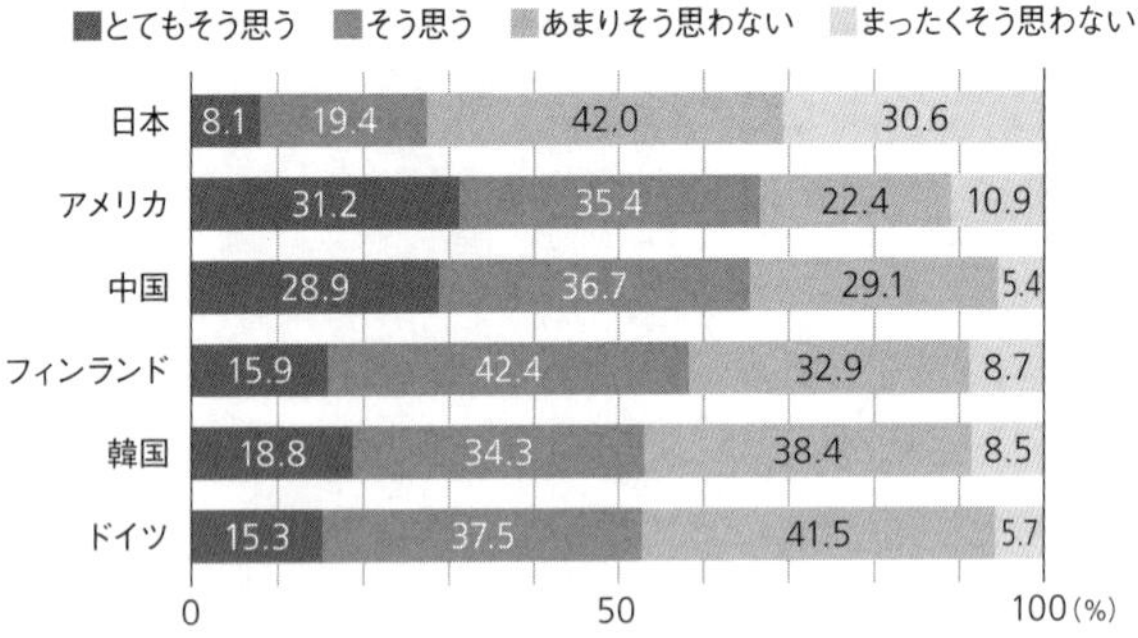

出典：100年生活者研究所
＊対象者：20～70代男女（日本2400人、日本を除く各国500～600人）

80歳くらいがちょうどいい？

さて、100歳の人は確実に増えていますが、調べてみるとみなさんはあまり100歳になりたくないと考えているようです。

広告代理店が元になっている「100年生活者研究所」というラボがあります。そこが2024年に発表したデータでは「100歳まで生きたいと思いますか？」というアンケートを行い、日本、アメリカ、中国、フィンランド、韓国、ドイツの6カ国の比較をしています（図1、2）。

日本は「とてもそう思う」が6カ国中で最低の8・1％で、「そう思う」を加えても27・5％でした。6カ国の中では

図2 「自分の100歳までの人生」について どのように考えていますか？

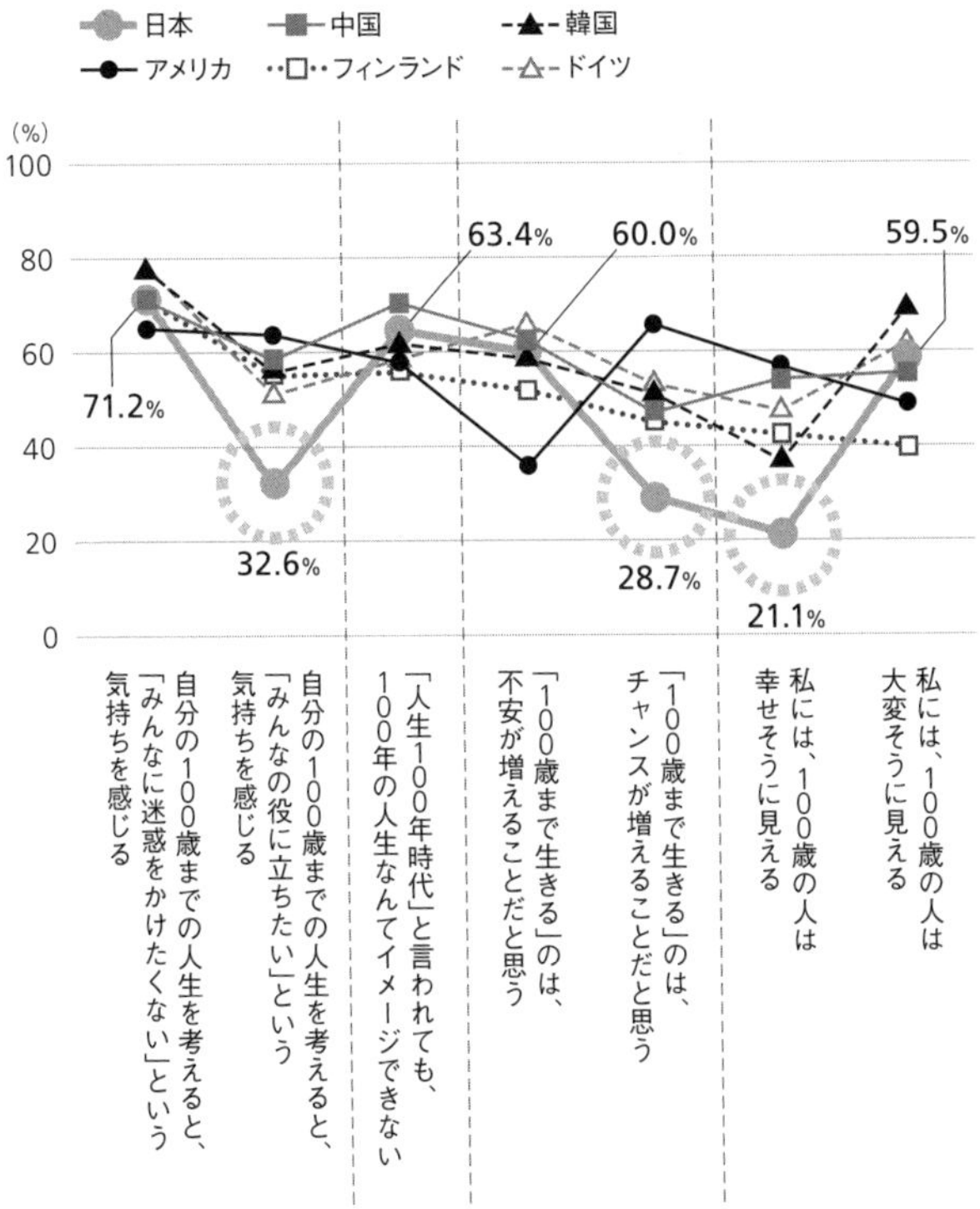

出典：100年生活者研究所
＊数値は「そう思う」「ややそう思う」の合計
＊対象者：20～70代男女（日本2400人、日本を除く各国500～600人）

アメリカが一番高く、「とてもそう思う」が31・2%あります。日本は一番100歳になる可能性が高いのに、なりたくないと思っている人が多いということになります。同研究所では100歳になりたくない理由として、「みんなに迷惑をかけたくない」という気持ちを感じるかどうかも調査しています。すると、「強く感じる」という人が半数以上を占めていて、「感じる」を加えると9割近くになります。

私たちも同じような調査をしていて、30歳から75歳の人に「何歳まで生きたいですか」と尋ねたところ、100歳以上と答えた人は1割弱でした。「何歳まで生きたいか」ということで答えが最も多かったのは80歳です。さすがに70〜75歳の人は85歳が最多ですが、だいたい「80歳ぐらいでいいや」と思っている人が多いのでしょう。

ちなみに2022年の「簡易生命表」(厚生労働省)によると、平均寿命は男性81歳、女性87歳です。平均寿命は年齢が0《ゼロ》歳の余命のことですから若くして亡くなっている人も含みます。見方を変えて、65歳の平均余命を見てみると、男性は19年、女性は24年。65歳に足すと男性は84歳、女性は89歳になります。この値を見ると100歳もそう遠くないことを感じさせてくれます。図3は「平均寿命を超える長寿の可能性」について経済産業省が示したものです。

図3　平均寿命を超える長寿の可能性

●男性は87歳、女性は93歳で亡くなる方が最も多い（約3人に1人に相当）。

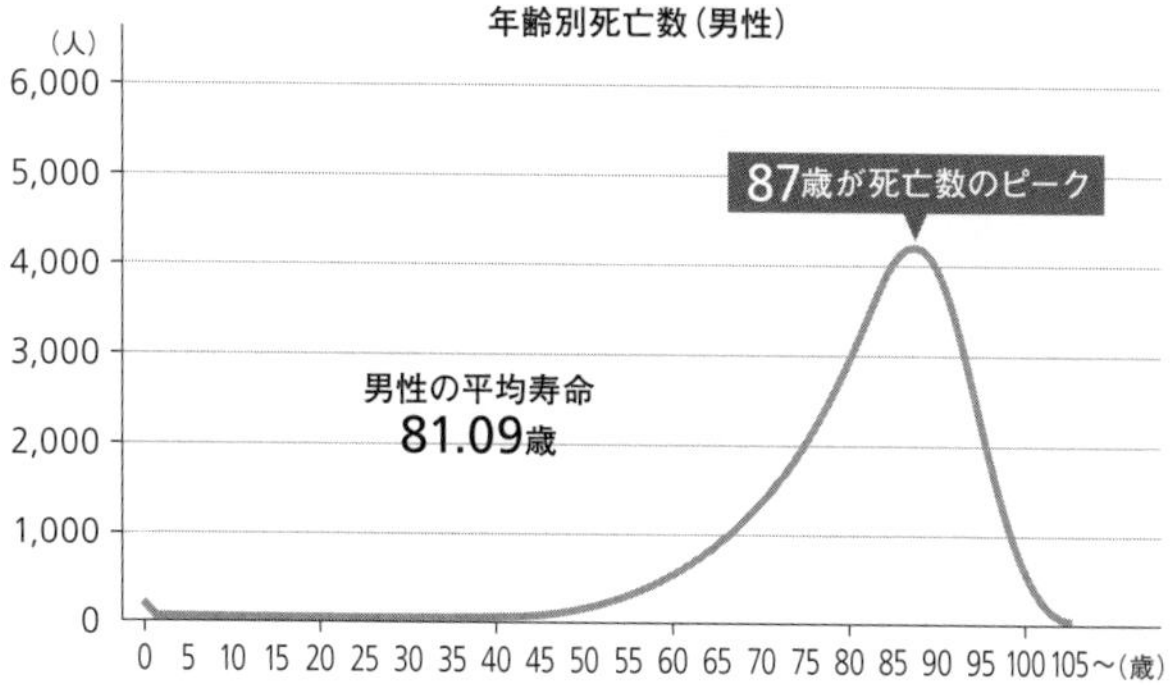

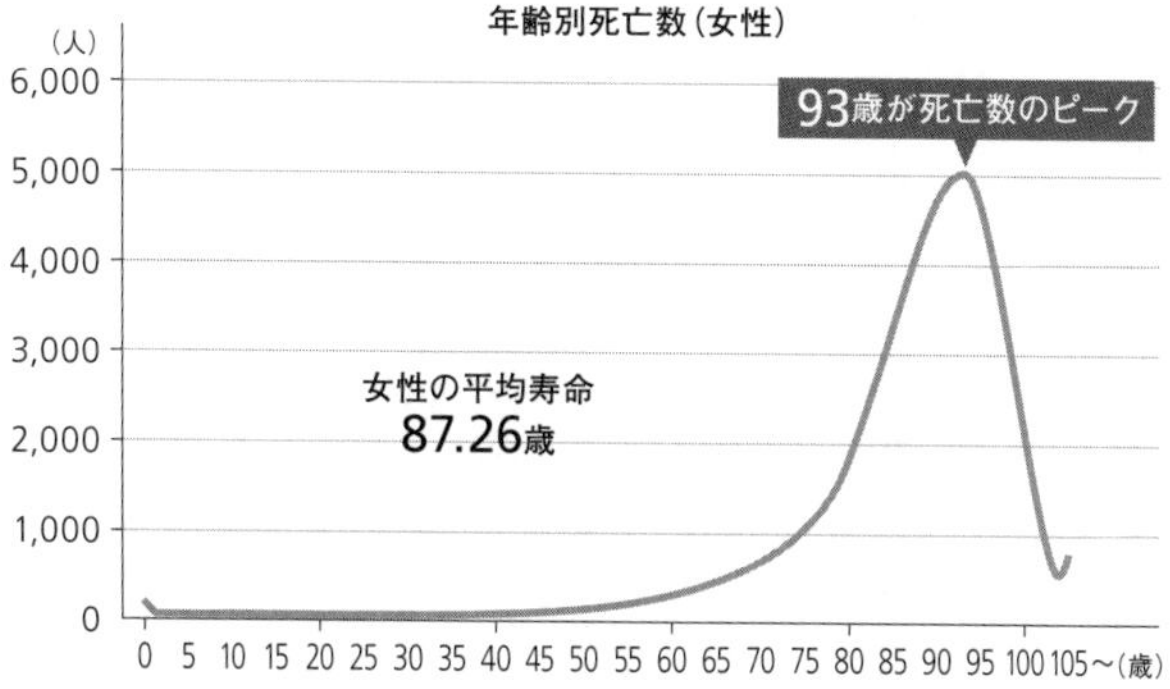

出典：経済産業省「2050年までの経済社会の構造変化と政策課題について」2018年
＊厚生労働省「平成29年簡易生命表の概況」より作成。10万人の出生児が簡易生命表の死亡率に基づき死亡していくとした場合の数字であり、実際の死亡者数ではないことに留意。

先の「SONIC研究」では、80歳前後の人に「100歳まで生きたいですか」と聞いて「はい」の割合は29％、「いいえ」は71％です。その理由は「寝たきりになりたくない」「人の世話になりたくない」というもので、健康だったら100歳でもいいけれど、という考えでした。

80歳の人でも100歳になりたくないと思っているというのはちょっと残念ですが、その理由もわからないではありません。たとえば介護保険の認定率（2015年）を見ると、90歳以上では男性の5割以上、女性の7割以上が要介護認定を受けています。このような状況では、100歳になりたくないとみなさんが思うことも理解できますね（介護認定については92ページ参照）。

人は小さな変化に気づきにくい

「なりたくない」としても、現実にはその年齢に達する可能性があるわけですし、その時にどういう生活をしてどんな気持ちでいるのかをイメージしておくことは大切なことだと思います。

もちろん、人生を想像するのはなかなか難しいことです。私の教えている大学院の授業で、学生に「どんな人生を送ると思うか」と聞くと、「大学院を卒業して、仕事に就いて、結婚をするかもしれないししないかもしれない、家を買って犬を飼っているかもしれない、子どもが生まれるかもしれない」といったことを話してくれます。

では、その後に何が出てくるかというと、いきなり「死ぬ」という話になる。その間はもうほとんど何も想像もできない、暗黒があるのです。仕事に就いて、家族の形が変わり、しかしその後のイメージがほとんどない。もしかしたら介護を受けている人たちのイメージが強すぎるのかもしれません。

年を取るには長い時間がかかります。長い時間の中で楽しいこと悲しいこと、さまざまな経験を積み重ねます。小説や映画などでも、死んでいくプロセスを描いたものは多くありますが、老いていくプロセスを描いたものはまだまだ少ないのではないでしょうか。

自伝的記憶で20代～30代ぐらいの記憶が多いのは、新しくいろいろなことを経験する時代だからという説があります。確かにその後はあまり新規な出来事は少ないかもしれません。確実にさまざまな経験を積み重ねているはずですが、その歩みが遅いから気がつきにくいだけなのです。

昔、調査で通っていた老人ホームで、とても汚いぼろぼろの眼鏡をかけている女性がいました。汚れていて、眼鏡の前と耳にかける横の部分（つる）が取れていたのでしょう、セロハンテープでぐるぐる巻きにしていました。気になった私がその女性に「その眼鏡は見えますか?」と尋ねると、彼女は「この眼鏡は私に合っていて、よく見えるのです」と答えました。私はどんな眼鏡か気になったので眼鏡を見せてもらいました。すると今度は反対に、彼女が私の眼鏡を貸してほしいというのです。

彼女は私の眼鏡を手に取ってかけるなり、「すごくよく見える!!」と叫んだのです。彼女の眼は徐々に見えにくくなっていたのだと思いますが、日々少しずつの変化だったので気がつきにくかったのでしょう。このようにゆっくりとした営みは小説にも映画にもしにくいですね。結果として私たちは、年を取ることについて触れる機会が少なく、知識が増えないでいるのかもしれません。

ポジティブなイメージが長寿を促す

100歳の人たちの話を聞き、100年の人生をイメージすることは私たちが老いを理解するために非常に重要なことだと思います。

なぜなら、先に述べたような長生きに対する否定的な見方は、将来的に国民の健康に悪影響を及ぼす可能性があるからです。「ステレオタイプ身体化理論」として知られる最近の加齢理論では、個人が持つ高齢期・高齢者に対するステレオタイプが、加齢プロセスに肯定的・否定的な影響を与えることが示されています。

たとえば、日本人を対象とした研究では、19年間同じ人たちを追跡したデータから、若い時に加齢に対してポジティブな態度を持っていた人たちは、ネガティブな態度を持っていた人たちと比較して4年長生きだったと報告しています。アメリカの研究ではその差はもっと開きます。

超高齢期の人たちに対するネガティブなステレオタイプの表れともいえる「100歳まで生きたくない」人の比率が高いことから想像すると、そのような考え方をする人が多いと健康度が下がりやすかったり早死にしたりする可能性もあります。平均寿命は延びていくのですから、ポジティブなイメージを持って、少しでも元気な期間を延ばしたいものです。

幸せな長生き人生とは

自分はそうなりたくないと思っていても、100歳を迎える可能性はどんどん高くなっています。親が長生きして100歳を超えることも多くなるでしょう。「人生100年時代」、あるいは「人生110年時代」に向けて、まずは100歳以上の人たちを知らなければなりません。後の章で詳しく記しますが、ここで簡単に見ておきましょう。

メディアでは100歳を超えて活躍している人たちがしばしば登場します。1992年に双子のきんさん（成田きん）、ぎんさん（蟹江ぎん）が揃って100歳を迎え、話題となってコマーシャルにも出演しました。読者の中には覚えている人もいるでしょう。

それから30年が経ち、画家、音楽家、医師、文筆家などさまざまな分野で100歳を超える著名人が見受けられるようになりました。また運動の分野では、マスターズ大会の100歳以上の部で日本人が記録を出したことが報道されています。「生涯現役」という言葉がありますが、100年の生涯をまさに現役で過ごす人が増えているのは素晴らしいことです。アメリカの研究では110歳以上生きた人は、早く亡くなった人よりも人生の中で病気の期間が短いということも報告されているのです。これはいわゆる「ピンピンコロリ」に近い状態だといえます。

もちろん、そのような人たちは残念ながら今のところ一部でしかありません。体や認知機能に障害があったり、目や耳が悪かったりする人が多いのが現実で、私たちの調査では支障なく生活できるという意味で「自立している」人は18％だけでした。

では「ピンピン」していることだけが幸せなのでしょうか？　注目しなければならないのは、「ピンピン」していない100歳の人たちが幸せかどうか、ということです。せっかく長生きしたのに日々の生活で幸せを感じられなければ、それはとても残念なことです。でも、私たちの調査では、身体機能が衰え自由度が低くなっていても、幸せだと感じている人が少なくないという結果が出ているのです。意外な結果と感じるかもしれませんが、これは事実です（詳細は第4章）。「ピンピンコロリ」とはいかなくても、「フニャフニャスルリ」といけるかもしれない、私はそんな風に思うのです。

人はなぜ幸せを感じるのか、また幸せを感じるようになるにはどうしたらよいのか。これが本書の大きなテーマのひとつです。それを明らかにすることは、私たちの幸せな老後を考える上で、大きな示唆を与えてくれるでしょう。

第2章　スーパー高齢者たち

加齢の速度が遅いスーパー高齢者たち

現在、世界のさまざまな地域で100歳を超える人たちの調査が行われています。

アメリカ北東部のニューイングランド地方で長年100歳の研究をしているパールス先生が実施しているのは、100歳以上の人とその兄弟姉妹、そしてその子どもを対象にした長寿の秘密を探ろうという研究です。その研究では、「長生きしている人ほど不健康期間が短い」という報告が出ています。長く生きればその分だけ不健康な期間も増えると考えていた私にとっては、本当に信じられない、びっくりする報告でした。

データを見てみましょう（図4）。このデータは、一般の高齢者、90歳未満で亡くなった人、90〜99歳で亡くなった人、100〜104歳で亡くなった人、そして105〜110歳で亡くなった人について病気にかかっていた期間を比較したものです。

下の図では、それぞれのグラフの横幅が病気であった期間を指しています。人生の中でどれくらい病気の期間があったかを見ると、年齢が高い人のほうがたしかに短い、つまり長寿者であればあるほど不健康な期間が短いという結果が出ています。

先述の通り、英語では100歳を「センテナリアン」、110歳以上の人を「スー

図4　長生きした人ほど不健康期間は短い

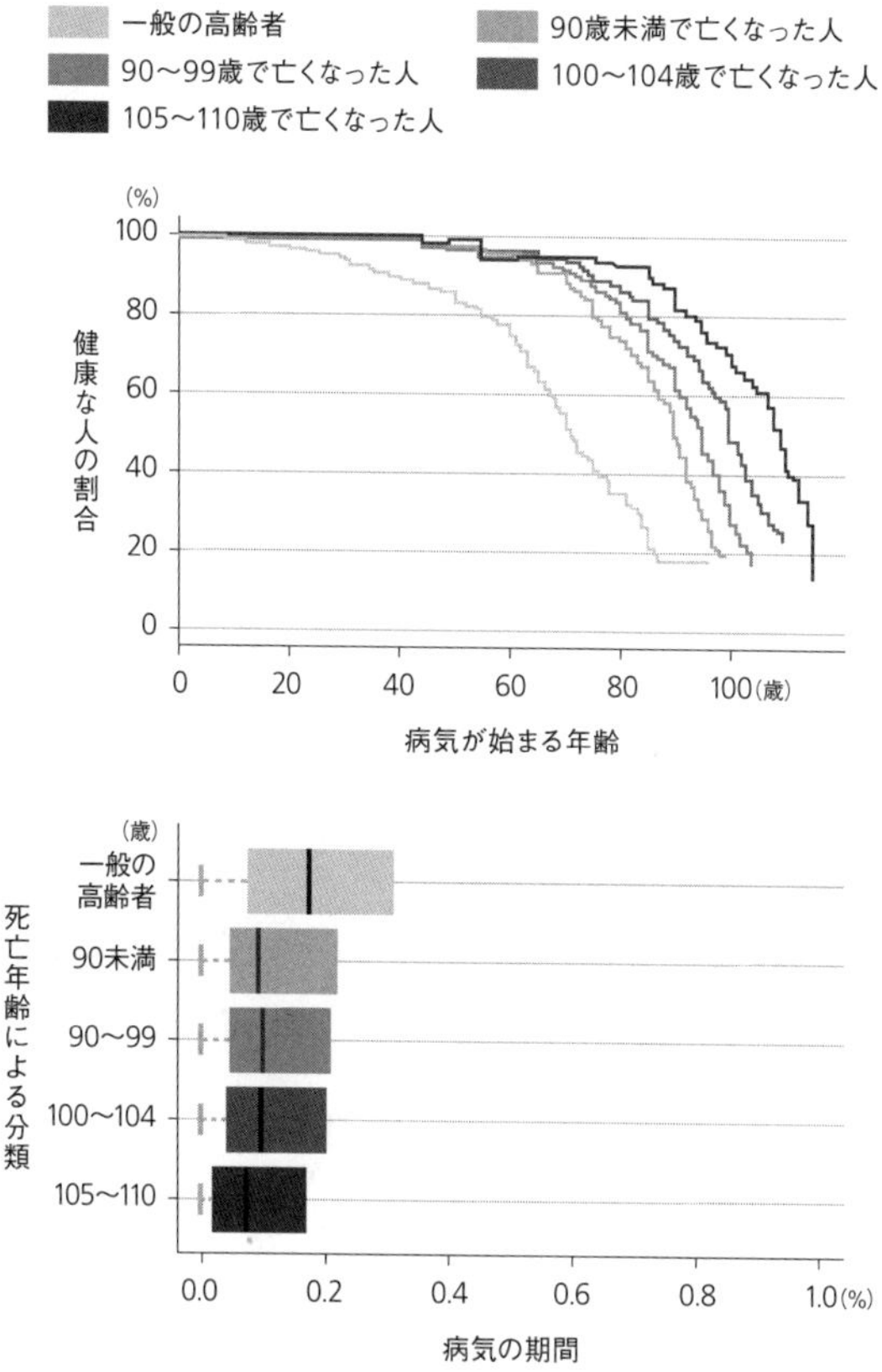

出典：巻末リスト参照

パーセンテナリアン」、そしてその間の105歳以上の人を「セミスーパーセンテナリアン」と呼んでいます。「スーパー」が冠せられますが、たしかに「スーパー高齢者」「スーパー長寿者」ですね。

パールス先生の研究によれば、長寿者であればあるほど病気にかかりはじめる年齢も高い、つまり110歳の人のほうが高血圧、糖尿病など、加齢と関連する病気になる年齢が遅いという結果を示しています。さらにもう少し詳しく見ると、110歳の人のうち、100歳以前に病気にかかっていなかったという人が約7割もいたそうです。慶應義塾大学の研究では、前の章で紹介した、DNAのメチル化を用いて百寿者の生物学的年齢を調べたところ、実際の年齢よりもずいぶん若かったことがわかりました。110歳まで生きる人たちは、加齢の速度が遅いのかもしれません。

次に日本のデータです。これは、国立保健医療科学院の中西康裕先生が奈良県の医療データを分析し、終末期の医療費がどれくらいかかるかということを死亡年齢別に調べたものです（図5）。

グラフの一番右が亡くなった時点を指しており、当然、亡くなる前は医療費が高くなります。ただし比較的若い高齢者と100歳以上の人たちを比較すると、100歳

図5　死亡までの日数と医療費の関係

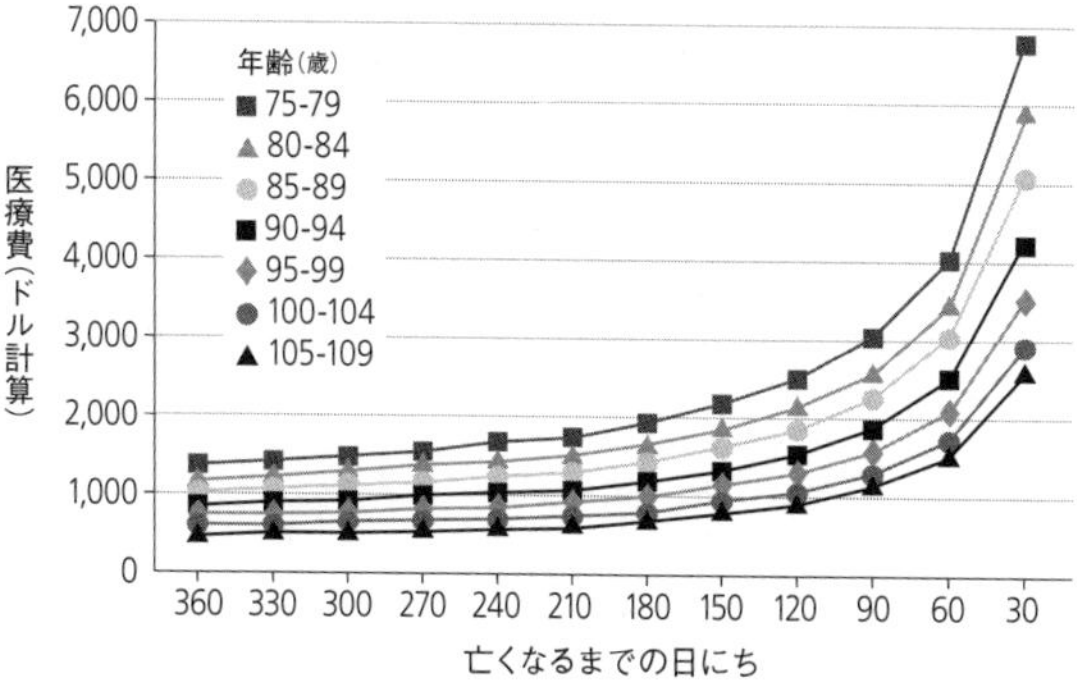

出典：巻末リスト参照

を超えている人のほうがずいぶんと医療費は低い結果が見てとれます。

もちろん医療費だけではなく、介護保険をどれくらい使うのかというデータと重ねてみると、あまり変わらなくなるとのことでしたので、人生の終末期に必要な経費は変わらないかもしれません。

米国のデータは長生きすればするほど「ピンピンコロリ」になることを支持していますが、日本のデータはそこまではないかもしれません。しかし、長寿者個人に注目すると、その可能性が見えてきます。

世界最長寿者、カルマンさんの認知機能

第1章で紹介した世界最長寿者のジャンヌ・カルマンさん、木村次郎右衛門さんについては、認知機能などの検査の結果が報告されています。

カルマンさんは、なんと118歳の時に認知機能検査を受けています。視聴覚の衰えが大きかったので、検査の質問はいつも話をしている介護者を通じてしたそうですが、122歳で亡くなる4年前ですから、こんな記録がよく残っていたなと思います。

結果がどうだったかというと、フォークや鍵を触って認識ができました。また簡単な足し算をすることもできましたし、文章や話しかけられている内容も理解でき、話し口調も滑らかでした。簡単な記憶のテストを1回やって、また6カ月後に2回目を行ったところ、2回目の成績のほうがちょっとよかったということです（これは記憶力が上がったわけではなく、そういう状況に慣れたからだろうと推測されます）。いずれにしても、結果としてカルマンさんは認知症ではなかったと報告されています。

最近ですと、オランダの研究チームが認知症のない100歳の研究テーマに力を入れていて、115歳で亡くなった女性の脳を調べたところ、認知症の兆候がまったくなかったという報告が出されています。高齢になると認知症になる人が多いですが、

このような記録があるので、こういう年の取り方も可能なのではないかと私も期待するわけです。

世界最長寿者、木村次郎右衛門さんの認知機能

木村次郎右衛門さんの認知機能については、１１１歳の時の測定記録を紹介しましょう。視聴覚の低下、つまり耳が遠くて老眼が進んでいたため、こちらのいうことがなかなか伝わらない。ご本人はお話好きなので、どんどん自分から話されるのですが、対話が成立しにくいところがありました。ＭＭＳＥ（ミニメンタルステート検査）という百寿者の研究ではよく使われる認知症のスクリーニングテストも受けてもらいましたが、それはうまくできませんでした。けれども、家族の人に普段の生活の様子を聞き、さらに木村さんが話をしている様子から、認知症ではないと判断することができました。自分自身がどのような生活を送っているかということをきちんと把握し、また、ご自身が体験したことを驚くほど細部にわたって語ることができました。

先ほど紹介した病気の期間について当てはめても、木村さんは人生の中で病気になった期間はほんの少しなのです。共同研究者の広瀬先生が、近所の診療所などに

行って治療の記録などを探したのですが、ほとんど出てこない。ご家族も木村さんが病院に行った記憶がないといいます。80歳の時に白内障の手術を受け、103歳の時にめまいがして脳の検査を受けたけれど問題は見つからなかった。最後は114歳の時に右足の膝が痛くて病院に行ったが大したことはなかった。そのくらいしかなかったそうなのです。

木村さんは歩行機能に衰えがありましたが、このように、ほとんど病気にならずに生きてきました。ただ最晩年に心臓の病気が出て、心臓の石灰化が起こりました。これが起こると心筋梗塞になりやすいので、それで亡くなったのだろうと推測されています。このようなことですから、医療費、介護費ともにあまりかかっていません。同時に、とても幸福感が高かったのです。

木村さんの高い幸福度

詳細は後述しますが、PGCモラールスケールという質問票があります。そこでは「幸福度がどのくらい高いか」ということを測定します（121ページ参照）。「実測値」とあるのは59~83歳の各年齢の平均と百寿者の平均ですが、木村さんの値はとても高いところにあったということがわかります（図６）。

木村さんは奥さん、息子さん、お孫さんが亡くなっていて、義理の娘さん、義理の孫娘さんと一緒に暮らしていました。家族と死別したことは残念に感じていましたが、明るい気持ちで毎日を送っていました。調査でお宅に伺うと、いつもご機嫌で出迎えてくれました。

最も印象に残った話を紹介しましょう。木村さんは若い時、『New National Readers』という英語の教科書を使って勉強していたと話しました。調べてみると1902年に発売されたそのようなタイトルの本があるということがわかりました。また、若い時に逓信《ていしん》学校で勉強し、非常に短い期間でモールス信号を覚えたということです。親戚の方からもお話を伺ったのですが、木村さんは昔から頭がよいことで有名だったそうです。

また、若かった時、朝鮮半島で仕事をしていた弟さんが体調を崩したので、現地に渡ってしばらく働いたことなども語ってくれました。そういう話をする時の木村さんはとても幸せそうで、人生に満足している様子がうかがえました。

別れ際には、「サンキュー・ベリー・マッチ」「ユー・アー・ベリー・カインドマン」

と力強い声で見送ってくれました。その姿に長生きはいいものだと実感させてもらった記憶があります。

木村さんが幸せに暮らしていけたのは、自身の健康状態が良好だったことだけでなく、同居していた家族の存在があったからこそだと思います。近所の人も毎年季節になると鮎《あゆ》を持ってきてくださったそうで、それを丸ごと頭から食べるのが長生きの秘訣ではないかと冗談交じりにご家族が話されたことを覚えています。

80歳で始めた水泳で18の世界記録——長岡三重子さん

みなさんは「マスターズ陸上」「マスターズ水泳」をご存じですか？　ときどき、マスコミでもこの大会のことが紹介されますが、これは5歳刻みの年齢別に分けられ、そのクラスごとの世界記録が認定されています。少し前までは100歳の部（100〜104歳）が最高でしたが、最近105歳の部（105〜109歳）ができたそうです。100歳が普通になり105歳の部が設定されたということで、そのうち110歳の部ができるかもしれません。

100歳の部での100メートル走の記録は男性で26秒台、女性で39秒台です（図7）。

図6　幸福感の高さ

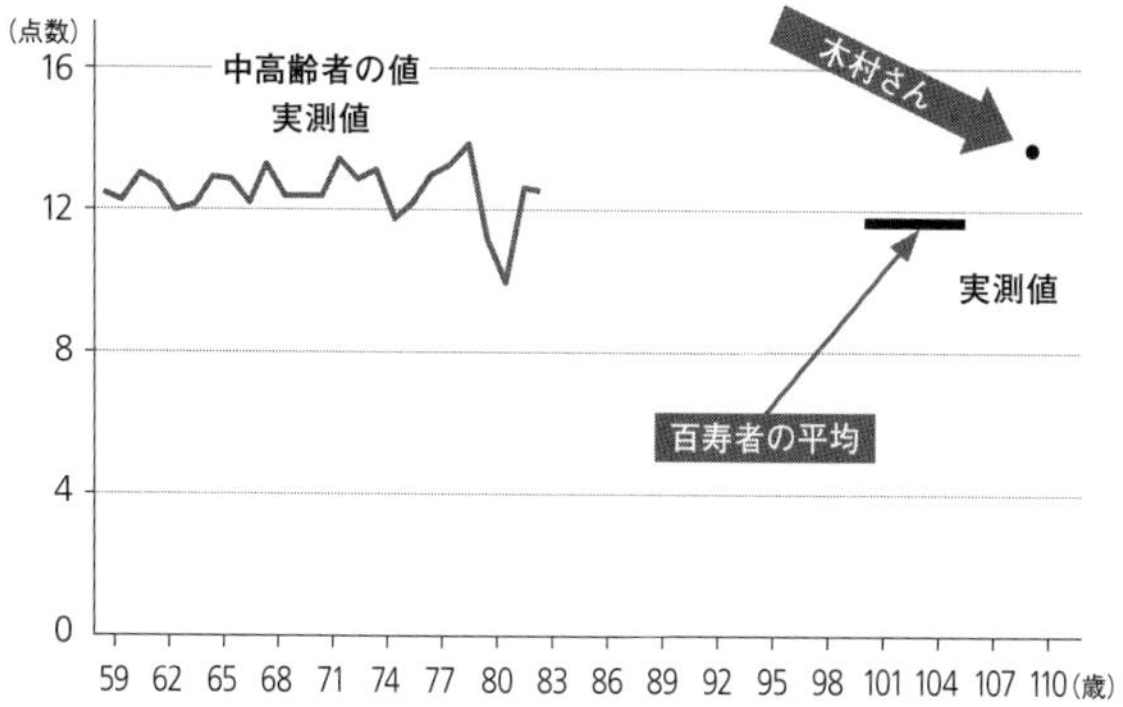

著者作成

図7　100メートル走の年齢別世界記録

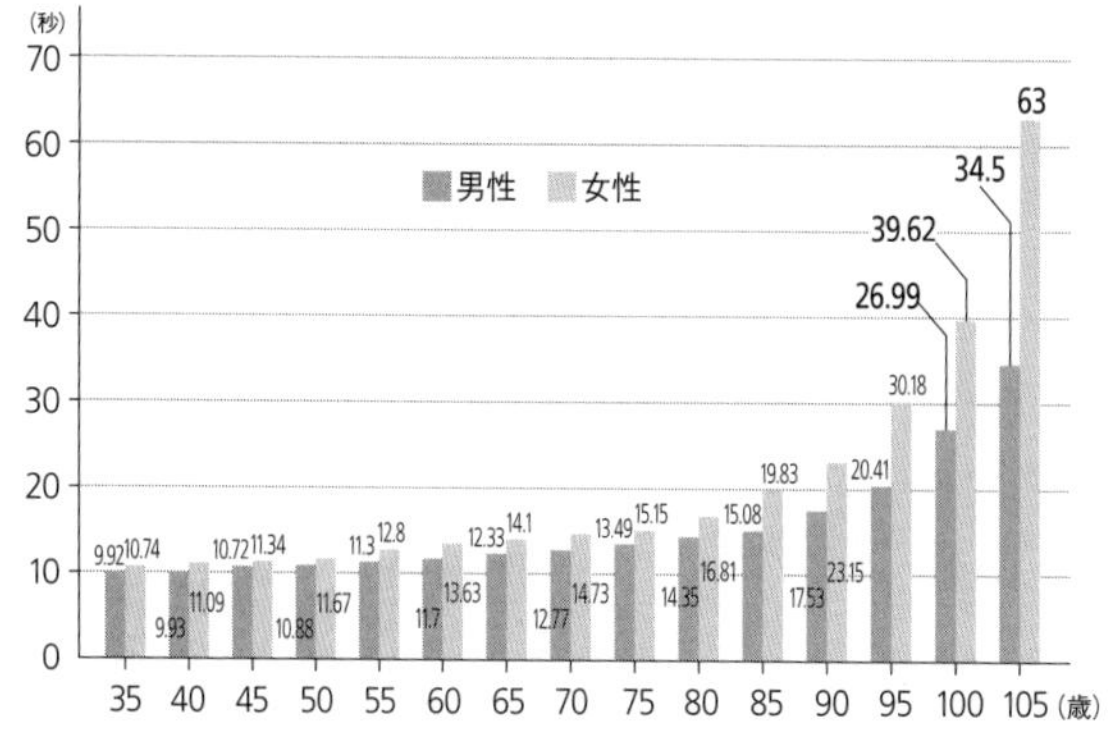

出典：世界マスターズ陸上競技協会

競走したら私は負けるような気がしますが、年齢にかかわらず、記録を出そうとする人たちのエネルギーに感心します。最近では、マスターズ陸上の1600メートルリレー（400メートル×4人）の90～94歳クラスで日本人メンバーが9分23秒29の世界記録を作ったというニュースもあります。近年高齢者の体力の向上は目をみはるものがあります。

長岡三重子さん（1914～2021年）は、水泳の100歳の女性の部で、1500メートル自由形を世界で初めて完泳した人です。そのタイムは75分54秒39で、それだけ長い時間泳いでいられたことにも驚きます。こういう記録を持っているのですから、若い頃から水泳をやっていたのだろうと考えますが、長岡さんが水泳を始めたのは80歳の時でした。

長岡さんは女学校卒業後、藁《わら》関係の卸問屋に嫁《とつ》ぎ、専業主婦としてふたりの息子さんを育てました。ところが夫が早くに他界し、53歳で家業を継ぐことになります。鉄鋼の高炉の保温剤として籾殻《もみがら》が大量に必要とされる時期で、長岡さんはそこに目をつけて問屋を発展させました。

その一方、55歳で能を始め、観世《かんぜ》流の先生から稽古をつけてもらって、「羽衣」などの演目を年に1回東京の国立能楽堂や京都の大江能楽堂などで演ずるまでになりました。

ところが80歳になって膝に水が溜まるようになり、リハビリで水泳に出会います。初めての水泳だったので、25メートルを泳ぐのに1年間かかったそうです。その後、聴力が衰えて能を続けるのが難しくなり、水泳に力を注ぐようになります。88歳でニュージーランドの「世界マスターズ水泳大会」の銅メダルを獲得、その2年後のイタリア大会では3つの銀メダルを獲得します。

ここで長岡さんは「銀メダルでは悔しい、今度は金メダルだ」と決意して、91歳から水泳のコーチについて本格的な泳法を学びます。こうして金メダルを獲得し、世界記録を出すようになります。１００歳の時（２０１４年）には１００～１０４歳の部で18もの世界記録を樹立し、１５００メートルの完泳を果たしました。その功績により、同年に日本スポーツグランプリを受賞しています。

長岡さんは１００歳の誕生日に、「百すぎて　熱と力で　希望の丘へ」という句を作っています。苦しいことでもやり抜く意志力と情熱にあふれた人だと思います。

高齢になると新しいことを覚えられなくなると考えている人が多いかもしれませ

ん。91歳から泳ぎ方を本格的に習って上達したなんて、嘘ではないかと思う人もいるかもしれません。でもそれを長岡さんは実現したのです。

このような、体の動かし方などに関する記憶は「手続き的記憶」と呼ばれ、年を取っても衰えにくい記憶であることが知られています。人の名前は覚えられなくなっても、体の動かし方の記憶は衰えないのです。

長岡さんが最後の世界記録に挑んだのは105歳の時、残念ながら新記録の樹立とはなりませんでした。私は新聞の取材を受け、記録が作れなかったのは残念だけれど、いずれ新しい記録が作られるだろうと答えました。その日は間違いなく来ると確信しています。

親子で長寿スキーヤー――三浦敬三さん

男性でよく知られているのはスキーヤーの三浦敬三さん（1904〜2006年）。プロスキーヤーで冒険家の三浦雄一郎さんのお父さんです。北海道大学在学中に山スキーを覚え、青森営林局に勤務しつつスキー部で選手兼指導者として活躍します。また山岳写真家としても、イタリアの世界山岳写真ビエンナーレで入賞するなど高い評価を得ました。

三浦さんのすごいのは還暦（60歳）を過ぎてから海外でのスキーに挑戦したことです。70歳でヒマラヤ、77歳の時にはキリマンジャロで滑り、88歳でアルプス・オートルートの完全縦走を成し遂げています。99歳でモンブラン山系のヴァレブランシュ氷河を滑降、同年に内閣総理大臣表彰とフランス政府スポーツ青少年功労賞を受けました。また100歳でアメリカ・ユタ州のスキーリゾートのスノーバードで親・子・孫・ひ孫（4歳）の4世代で滑走して話題となりました。モンブラン氷河滑走のためのトレーニングでは3回骨折したけれど、それを治して達成したというエピソードが残っています。

三浦さんは「探求一筋」を座右の銘にし、スキー一筋で生きてきましたが、スキーは101歳でも極めることができない、大きな山だと書いています。そのためにゴム製のチューブを持ってのスクワットなど、毎日のトレーニングを続けていました。

さらに三浦さんが考案した健康法に「口開け運動」があります。大きく口を開けて、舌を思いっきり右側に出す。引っ込めて真ん中に出し、同じように左側に出す、これを150回繰り返すと、口のまわりだけでなく顔全体、首、肩の筋肉にも効果を及ぼすというものです。この運動は思いっきりの深呼吸を150回行っていることにもなるため、肩こりが和らいで頭もすっきりするそうです。

超高齢の方には、体調を整えるやり方を自分自身で編み出している方がいます。ある90歳くらいの女性は朝、布団の中で体をくねくねと動かすことが健康によいといい、それを「むちゃくちゃ体操」と呼んでいました。

敬三さんの息子の雄一郎さんは80歳で3度目のヒマラヤ・エベレスト登頂を果たし、最高齢でのエベレスト登頂の記録を作りました。そして手足に麻痺《まひ》が残る中、2023年に90歳で富士山登頂に成功しています。さらに雄一郎さんの息子（敬三さんの孫）の三浦豪太さんはスキーのモーグル競技でリレハンメル（1994年）と長野（98年）のオリンピック代表になっています。「あきらめない」という敬三さんの精神は三世代にわたって引き継がれています。

私は兵庫県出身なので、子どもの頃、雄一郎さんが経営するスキースクールがあるハチ北高原スキー場によく行っていました。そんなこともあり、テレビで見た雄一郎さんがエベレストを滑降する姿は今でも目に焼きついています。また、東京の研究所で働いていた時には、豪太さんが研究員として所属していたので、何度かお会いしたこともあります。

長岡さんや三浦さんの身体能力が優れていることはいうまでもありません。しかし、このような人たちは意外と身のまわりにいるものです。

高齢でも筋力は増加する

兵庫県の農村部で百寿者のご自宅に調査に伺った時のことです。小柄でよく日に焼けた色の黒い女性が出迎えてくださいました。最初の印象では、まさかその方が100歳とは思えませんでしたが、その日の午前中には畑仕事に出かけていたと話してくれました。別の京都の日本海側での調査では、普段は家の裏で畑仕事をしているという女性が出迎えてくれました。そして、「いつもこうして水を汲んでいるの」とバケツを手に、足元軽やかに深さ１メートルほどある水路に下り、水を汲んで畑にまきました。今、私も同じように畑仕事をする機会がありますが、あの軽やかな動きには到底及びません。

私たちは高齢になると筋力が落ちてくるもの、体力は衰えるものと思っています。しかし高齢であっても適切なトレーニングを積めば筋力は増加するとのデータもあります。

むしろ問題なのは、気力が衰えることなのです。長岡さんや三浦さんのように大きなことを「成し遂げたい」と思わなくてもよい、身のまわりのちょっとしたことを「やりたい」と続ければいいのです。毎日続けることが、若い人が毎日トレーニングすることに匹敵するのです。

老化は成長だ——日野原重明先生

文化の面でも100歳以上の人が活躍しています。その代表格は文化勲章受章者の日野原重明《しげあき》先生（1911～2017年）でしょう。医学博士で、聖路加《せいるか》国際病院の院長を長く務め、同病院の名誉院長として亡くなりました。医学者としては内科学専門で、高齢になると自然にかかってしまう病気というイメージを持つ「成人病」に対し、「生活習慣病」という言葉を1990年代につくり、日常生活と病気の関係を明確にしたことが有名です。

1970年に赤軍派による「よど号ハイジャック事件」に乗客として遭遇します。58歳の時でした。乗客から「ハイジャックとは何か？」と犯人たちに質問があった時、犯人たちは答えられず、代わって日野原先生がその意味を説明したというエピソードがあります。韓国の金浦《キンポ》空港で無事解放されますが、その時に「これからの人生は与えられた命だ」という言葉が浮かんだということです。それまでは人生は自分のものだと思っていたのですが、ここで大転換し、これまで以上に人のため、社会のために尽くすことを決意します。その精神はオウム真理教による地下鉄サリン事件（１９９５年）の際、６４０人の被害者を聖路加国際病院で受け入れたことにも表れています。

日野原先生は心理学者エリク・Ｈ・エリクソンの「人間は死に向かって成長する」という言葉を引用して、「老化は成長だ」と書いています。この気持ちがあったからこそ、診察と病院運営、執筆活動と講演会活動を柱としつつも、それ以外のことにもチャレンジできたのでしょう。一例として、アメリカの哲学者レオ・バスカーリアが著した絵本『葉っぱのフレディ――いのちの旅』の戯曲化を進め、その舞台をプロデュースしたことが挙げられます。

１００歳を超えて、ゴルフとFacebook（フェイスブック）――運動とＳＮＳという異なるジャンルに挑戦しています。１００歳の時、１０９歳まで書き込めるスケジュール帳を用意して次々と予定を記入し、それを実現していったという前向きな姿勢には頭が下がります。

また、日野原先生は2000年に「新老人の会」という活動を始められたことでも知られています。新老人の会は75歳以上の方のみが所属することができる団体です。日本老年学会が高齢者の定義を75歳以上にすることを提案したのが2017年ですので、日野原先生の先を見通す力には驚かされます。2007年の老年学会の講演で1時間近く座席に座ることなくお話をされたのを見て、自分もこうなりたいと強く思いました。

最後にお話ししたのは2014年、慶應義塾大学の百寿総合研究センターの設立パーティーの席でした。日野原先生は山口県出身ですが、4歳で神戸に移られ、関西《かんせい》学院中学部に学ばれました。私は神戸市出身で関西学院大学を出ているので、その頃のお話を聞かせていただきました。ちなみにその時のお姿は、百寿総合研究センターのホームページで見ることができます。

95歳から青春、100歳からが人生の本番――昇地三郎先生

昇地《しょうち》三郎先生（1906～2013年）は100歳を超えて活躍された教育学者です。教員などの仕事に就きましたが、ふたりのお子さんが脳性小児麻痺であったことから、1954年に福岡県に1000坪の土地を購入し、自費で養護学校「しいのみ学園」を設立しました。これは日本初の障害児のための教育施設で、まだ学校教育法に基づく養護学校（現在の特別支援学校）が整備されていない時期の画期的な活動でした。学校創立とその教育を描いた昇地先生の著書『しいのみ学園』は翌55年に120万部を超えるベストセラーとなり、映画にもなりました。

その一方、広島文理科大学（現・広島大学）で心理学を、九州大学医学部で精神医学を学び、それぞれで博士号を取得します。ちなみに医学博士と文学博士の両学位を取得したのは、日本で学位制度ができてから森鷗外に続くふたり目ということです。その後も障害児教育のために尽力し、吉川英治文化賞、朝日社会福祉賞などを受賞します。

昇地先生は「私の青春が始まったのはまさに95歳から」「99歳までは助走、100歳から人生の本番が始まった」と著書『106歳を越えて、私がいま伝えたいこと』

で書いています。95歳から国際的な講演活動に積極的に取り組み、数えの100歳となったことをきっかけに2005年に世界一周講演旅行を開始、以後連続して7年にわたり講演旅行を続けます。そのことで「公共交通を利用して世界一周をした最高齢者」としてギネス世界記録に認定されています。さらには100歳になって新しく生まれ変わったということで、自ら「100歳児」と名乗っていました。

昇地先生は「おしゃれをしなくなった日から『老い』が始まる」と書いていますが、真っ赤なジャケットを羽織ったり、ピンクの蝶ネクタイをしたり、シルクハットを被ったりして、明るく見えるファッションをしてきました。そのことで2012年にはベストドレッサー賞・特別賞を受賞しています。

私と同じ心理学を専攻されていたので、昇地先生にはとても親近感を持っています。2回お会いしましたが、これまでに会った百寿者の中で最も元気なひとりでした。最初に慶應義塾大学の研究会で会った時には、私の大学の研究室の創設者である「恩師の恩師」の名前を出すと、懐かしそうに当時のことを話してくれました。当然、恩師の恩師は研究科では伝説の人だったのでその同時代を過ごした人が目の前にいることに驚きました。

２回目にお会いしたのは２０１１年のアメリカ老年学会の際でした。健康長寿に関するシンポジウムの終了後、スペシャルゲストとして登場した昇地先生は、参加者に向けて英語でスピーチし、その後軽やかに「黒田節」を舞い、自分で考案した棒を使った健康体操を紹介しました。私がこれまでに参加したシンポジウムの中で、最も歓声に沸いた会場となりました。その際に使った「やる気体操棒」は今も我が家の宝物として大切に保管しています。

「人にしてあげる人生」「人を喜ばせる人生」をモットーにしてきた、ユーモアセンスあふれる百寿者でした。

好きで絵を描く――野見山暁治さん

私は大学で老年心理学を教えていますが、心の加齢発達について説明することが最も難しい課題だと感じています。年を取るとより内面に注目するようになったり、表現が変わってきたりします。その意味で、芸術家はその壁を越えさせてくれる存在だと思っています。

モネの「睡蓮」は非常に幻想的な絵画ですが、その背景には彼が白内障を患っていたことが知られています。日本にも奥村土牛《とぎゅう》（1889〜1990年）という101歳まで生きた画家がいます。私から見ると若い時ははっきりとした絵を描いているのですが、晩年の絵は少しぼんやりとしている。失礼な言い方かもしれませんが、少し下手になったのではないかと素人目には見えるのです。ところが、ご本人はようやくその頃自分が描きたかった絵が描けたと話しています。非常に興味深い事例ですが、同じようなことをピカソもいっているそうです。このような加齢による心の変化を伝えるのに、絵画はとても適しているのかもしれません。

ちなみに最近102歳で亡くなった野見山《のみやま》暁治《ぎょうじ》さん（1920〜2023年）は、抽象画家でしたので私には難しすぎて作品の変化はわかりませんが、エッセイストとしても評価が高く、書かれた内容に私は興味を持っています。野見山さんは東京美術学校（現・東京藝術大学）で油絵を学び、卒業後、陸軍に召集され満州に行きます。戦後は画家としてひとり立ちし、1952年から64年までフランスで活躍、サロン・ドートンヌ会員にも選出されます。非具象の絵画を描き、2000年に文化功労者に選出され、2014年に文化勲章を受章しています。

エッセイストとしては1978年に『四百字のデッサン』で日本エッセイスト・ク

ラブ賞を受賞しています。東京美術学校在学中に藤田嗣治《つぐはる》の知己を得、多くの芸術家とも交流した日本美術史の生き証人でした。

また戦没画学生の遺作の保存、収集に力を注ぎ、1997年に作家の窪島誠一郎さんとともに「無言館」という美術館を設立しています。

陸軍二等兵として冬の満州に行ったところ、凍った大地にミカンの皮の切れ端が落ちていて、それを見て「世の中に色があったんだ」と涙を流して、こんな世界にはいたくないと強く思ったということです。野見山さんは、生死をさまよう病気になって「色のある世界」に帰ることができましたが、戦地でそのまま死んでいった画学生に対して、「自分は裏切り者ではないか」という意識を持ち続けたと書いています。その思いが「無言館」の設立への大きなモチベーションとなったのでしょう。

亡くなる直前まで創作活動を続けていましたが、「子どもの頃から好きでやっていることを続けているだけ」と特別なこととは思っていませんでした。また年齢を意識したことがない、自分が年寄りだと自覚したことがないとも語っています。

体の衰えによりしばしば転倒して骨折していたようですが、前と変わらずに絵の制作とエッセイの執筆を中心とする生活をしていました。特に2003年から美術雑誌に連載していた「アトリエ日記」は、亡くなる2週間前まで続けられ、絶筆となりました。20年続いたことになります。

ところで、その「アトリエ日記」の内容を私のゼミの学生が卒業論文で分析しました。具体的には2003年から2020年の間に書かれた4697日分の日記から、私たちが注目している「老年的超越」（第4章で詳述）に関係することがどの程度書かれているのか、年齢とともにどのように変化するのかを一文一文読んで確認したのです。

その結果わかったことがふたつあります。ひとつ目は、それまで老年期の心理的な変化は一方向に向かうものと考えていましたが、結構揺らぎがあるということです。つまり高まったり低まったりしながら徐々に変化していくのです。また、その背景には老いを受け入れる気持ちと、抗《あらが》う気持ちが同時に存在していることもわかりました。当たり前とおっしゃる読者の方も多いかもしれませんが、そのことが個人が長期間に書いた日記を分析して定量的に示されたことが重要だと考えています。

１００歳超の現役ピアニスト――室井摩耶子さん

音楽の分野でも１００歳を超えて活躍している人がいます。１９２１年生まれのピアニスト・室井摩耶子《まやこ》さん。６歳でピアノを始めます。「叱られて」「春よ来い」などの童謡で知られる弘田龍太郎という作曲家がいますが、ピアノの最初の手ほどきは弘田夫人でピアニストのマリ子さんからだったといいます。その後、東京音楽学校（現・東京藝術大学）を首席で卒業しました。

１９５６年にウィーンの「モーツァルト生誕２００年記念祭」に日本代表として派遣され、同年にドイツのベルリン音楽大学に留学します。以後ドイツを拠点に活躍し、とりわけ65年に行われたベルリン交響楽団とのシューマンの協奏曲の演奏は、ドイツの新聞で絶賛されました。室井さんは世界13カ国で演奏会を開き、ドイツで出版された『世界１５０人のピアニスト』という本で紹介されています。

59歳（１９８０年）で帰国し、日本で活動を続け、２０１２年に「新日鉄音楽賞特別賞」、19年に文化庁長官表彰を受けています。特に74歳で始めた「トークコンサート」は楽曲や作曲家のことなどを聴衆に語りかけて、実際に自身が演奏をするという斬新な試みでした。

室井さんは100歳を過ぎて、「一番の関心事はピアノを弾くこと」と語ります。そして「私の中で納得できるベートーヴェンのピアノ・ソナタ『熱情』が弾けるようになったのは、90歳を過ぎてから」といいます。同じ曲を何十年間も演奏しているからこその発言でしょう。

52歳で指のトラブル（腱鞘炎《けんしょうえん》）、70歳で肺がんの手術、97歳で大腿部骨折と、病気や怪我も体験していますが、それでもピアノを弾き続けています。健康法は、毎日肉を食べることで、「好きなものを好きな時に好きなだけ食べる」「ピアノもやりたいことをとことんやる」のが、ストレスをためずに健康的でいられる秘訣だそうです。

室井さんは「100歳記念コンサート」の際にNHKのインタビューを受けて次のように語っています。「私にとって音楽は音で書いた詩であり、小説であり、戯曲です。音楽は文学作品のようにすごく高くて、広く、深いのです。それをどう表現したら聴いている人に届くかということは、大きな謎というか、際限がない。面白くてやめられない。100歳になったら100歳のものを見つけたいと、しきりに思っているのです。だから、まだちょっと死ねないですよ」。室井さんは生涯現役を今も続けています。

詳しくは第４章に譲りますが、私は「老年的超越」を「あらゆる垣根を越えること」と説明することが好きです。「音楽は音で書いた詩であり、小説であり、戯曲です」という言葉に、画家と同様に音楽家もさまざまな事象の垣根を越えることで幸福な状態になりやすい、そんな傾向があるのではないかと考えます。ピカソの絵はキュビスムとして知られていますが、それはひとつのモチーフを抽象的な形に変化させ、複数の視点から同時に見た状態を表現する手法だと説明されます。表現は異なりますが、この言葉に同じニュアンスを感じます。野見山さんも抽象画家でした。年齢を経てあらゆるものにハーモニーを感じながら生きる、そんな風に生きたいものです。

100歳の著者——高橋幸枝さんと柴田トヨさん

100歳を超えて本を出す人も増えています。ここでは医師の高橋幸枝《さちえ》さん（1916〜2020年）と詩人の柴田トヨさん（1911〜2013年）を紹介します。

高橋さんが医師になったのは33歳の時です。高等女学校卒業後、中国で貧しい人たちの救援活動をする日本人牧師の秘書として働き、牧師のアドバイスで医師を目指します。27歳で福島県立女子医学専門学校（現・福島県立医科大学）に入学し、33歳で医師国家試験に合格します。医師としては少し遅いスタートですが、桜美林《おうびりん》学園付属の診療所などを経て、1966年に神奈川県に秦野《はたの》病院を開設し、内科・精神科の診療を始めます。さらに患者さんの社会復帰のための社会福祉法人や「子どもメンタルクリニック」などを展開します。医療法人などを運営しつつ、100歳を超えて診療を続けています。

98歳での『小さなことの積み重ね――98歳現役医師の〝元気に長生き〟の秘訣』に始まり、4冊の本を著しています。

高橋さんの「人生の匙加減＝適度な塩梅《あんばい》」は「頑張りすぎず、自分を甘やかせすぎず。我慢しすぎず、他人を頼りにしすぎず」というものです。高齢になると、人の力を借りなければならなくなりますが、それに頼ってばかりでは自分でできることが減っていってしまいます。そのバランスが大事だといっているのだと思います。

柴田さんはひとり息子の勧めにより92歳で詩を作りはじめます。『産経新聞』の投稿欄「朝の詩《うた》」の常連となり、選者の詩人・新川《しんかわ》和江さんに評価され、2009年に詩集『くじけないで』を白寿記念として自費出版しました。新川さんは同書の序文で、「たくさんの応募ハガキの中に、トヨさんの詩がひょっこり顔を出すと、いい風に吹かれたみたいに、さわやかな気分になる」と書いています。

翌2010年に装丁と内容の一部を変えて出版社が刊行すると、なんと160万部を超えるベストセラーとなりました。同年にはNHK総合テレビで「99歳の詩人　心を救う夢」というドキュメンタリー番組が放送され、翌年には第二詩集『百歳』が刊行されます。

柴田さんは栃木県の米穀《べいこく》商のひとり娘として生まれますが、家が傾き、料理屋などに奉公に出され、つらい仕事やいじめなどで苦労します。最初の結婚に失敗し、33歳で再婚。息子を授かりますが、B29による空襲の中、乳飲み子を抱いて逃げまどったそうです。その夫とは1992年に死別し、以後ひとり暮らしをする中で詩作に出会いました。

その半生は『くじけないで』という映画となりました。題名になったこの詩は、「ねえ　不幸だなんて／溜息をつかないで／陽射しやそよ風は／えこひいきしない／夢は／平等に見られるのよ／私　辛いことが／あったけれど／生きていてよかった／あなたもくじけずに」というものです。

100歳の方と話をしていると、苦労されなかった人はいないといっても過言ではありません。前章で触れたように、東京では関東大震災、東京大空襲を経験している方が多くおられました。中には裕福な家庭で育った方もおられましたが、多くの方が苦しい経験をされています。

ある百寿者の息子さんとお話をしていたら、「自分が子どもの頃母はよく倒れることがあって不思議に思っていました。でも後年気がついたのですが、その理由は子どもたちにご飯を食べさせるために自分が食べず、栄養失調になっていたのです」と話されました。家族の生活を支えるために建設現場で働き続けてきた女性もおられました。突然旦那さんが亡くなり、書道の教師になり100歳を超えても教室を続けている方もおられました。

数え上げればきりがありませんが、さまざまな苦労を経験しても「生きていてよかった」と感じる100歳の人がいるということは、ものにあふれた社会に生きる私たちの幸せを考える上でも大いに示唆に富むものです。つらい時にも、希望を持って生きることの重要さを教えられます。

第3章　100歳の現実

健康寿命とは

第2章で元気な100歳を何人か紹介しました。では100歳全体ではどうなのか、どれくらいの人が健康に元気に過ごしているか、ということを見ていきたいと思います。

まず何をもって「健康」とするかという問題があります。「元気だ」「健康だ」と本人が思っていても、認知症を発症していたり生活に支援が必要だったり、ということがあるかもしれません。

「健康寿命」という言葉を最近よく耳にすると思います。WHO(世界保健機構)はこれを「健康上の問題で日常生活が制限されることなく生活できる期間」と定義しています。つまり、病気などで介護の支援を受けることなく、自立して生活できる期間を指しています。これに対して「平均寿命」は0歳《ゼロ》での余命の平均で、健康か不健康かは問われません。

日本の健康寿命は、厚生労働省の調査で男性72・68歳、女性75・38歳です(2019年)。つまり、平均寿命、健康寿命ともに日本は世界一ということになります(図8)。

図8　世界の健康寿命ランキング

平均寿命と健康寿命の差の順位→日本は33位

健康寿命の順位	国	健康寿命	平均寿命	平均寿命と健康寿命の差
1位	日本	74.1歳	84.3歳	10.2年
2位	シンガポール	73.6歳	83.2歳	9.6年
3位	韓国	73.1歳	83.3歳	10.2年
4位	スイス	72.5歳	83.4歳	10.9年
5位	イスラエル	72.4歳	82.6歳	10.2年
5位	キプロス	72.4歳	83.1歳	10.7年

＊WHO "WORLD HEALTH STATISTICS" を参照して作成

最近、「ブルーゾーン」という言葉がはやっています。これは世界の長寿地域を指す言葉で、日本では沖縄県が入っています。ブルーゾーンについては第5章で詳述しますが、私は、近年の日本そのものを「ブルーカントリー」と呼んでよいのではないかと考えています。

有病状態を考える

平均寿命、健康寿命ともに世界一の日本ですが、平均寿命と健康寿命の差を見ると、10・2年で世界33位と、日本はさほど高い順位ではありません。その差を男女別に見ると、男性で8・9年、女性で11・4年となります（図9）。

これまでは、寿命が長くなるにしたがって不健康期間が短くなるとする「有病状態の圧縮」（compression of morbidity）が唱えられてきましたが、近年では医療、衛生環境の改善とともに世界的に、慢性病を持ちながら長生きをするという「有病状態の拡大」（expansion of morbidity）が観察されるようになっています。

日本でもそのような傾向があることは、百寿者研究からもいうことができます。また、多くの地域で女性のほうが寿命が長いため、寿命と健康寿命の差は女性のほうが大きくなっています。本書において議論の中心になる「幸せな生活」は後に回すとして、もし自立して生活できることを「幸せ」と考えるのであれば、健康寿命を延ばし、寿命と健康寿命の差を小さくする方法を確立することが急務です。

現在、日本ではさまざまな取り組みがなされていますが、「いきいき百歳体操」は多くの自治体で採用され最も広がっている活動のひとつといえるでしょう。これは高知市で開発された体操で、おもりをつけて体操をするプログラムです。地域の住民が週に1、2回公民館などに集まって、みんなで一緒に体操をします。「いきいき百歳」という名前がついていない類似のプログラムもたくさんあります。私も集会に参加して体操をしたことがあるのですが、結構しんどかったです。

図9　日本人の平均寿命と健康寿命の差

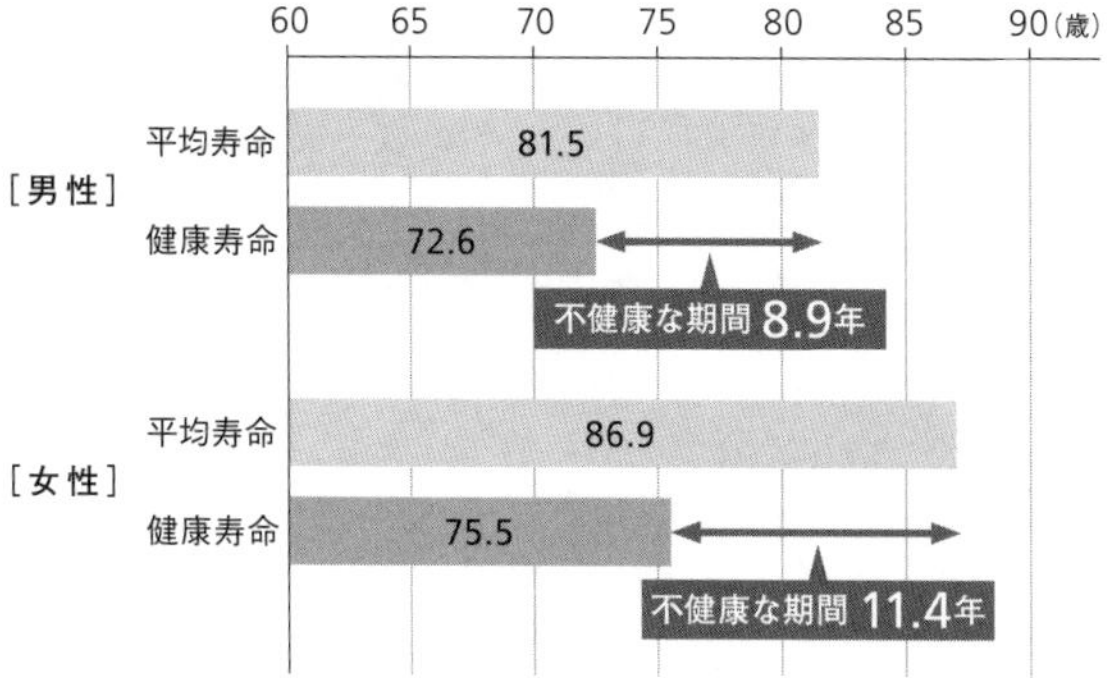

＊WHO“WORLD HEALTH STATISTICS”を参照して作成

こういった活動のよさは、体操をするだけではなく、健康や長寿に重要な社会的交流を促す役割もあることです。高齢者を対象に実施されることが多いプログラムですが、時間が合えば若い年代の人も参加してみてもよいと思います。膝が曲がりにくい、腰が伸びない、腕が動きにくいなど、さまざまな制限がある中で、自分なりのやり方で体操に取り組み、まわりの人たちと楽しそうにしている様子を見るだけで老いることも悪くないと感じられます。

　話を戻しますが、健康寿命の定義に関連して、「不健康」の基準はさまざまあります。

たとえば日本老年学的評価研究機構では、健康寿命を「介護保険の要介護2以上ではない期間」と定義し、全国調査では「男性79・22歳、女性83・89歳が健康寿命」という結果が出ています。厚労省の基準と比べてこちらのほうが健康寿命が長いので、平均寿命との差は男性で2・3年、女性で3年となります。

なお、要介護2とは、「食事、排泄などは自分でできるものの、生活全般で見守りや介助が必要」なレベルです。要介護2になると私たちが会場で行っている調査に参加してもらうのは難しくなります。「いきいき百歳体操」への参加も難しくなるでしょう。

介護保険の認定基準

ご存じの人もいるとは思いますが、介護保険制度と要支援、要介護の認定について簡単に書いておきましょう。

介護保険制度は、介護を社会全体で支えることを目的として、2000年に創設されました。この保険制度の被保険者は65歳以上の人（第一号被保険者）と40歳から64歳までの医療保険加入者（第二号被保険者）に分けられます。前者は、原因を問わず要介護または要支援と認定された時に介護サービスを受けることができます。後者は、要介護（要支援）状態が老化に起因する病気（がん末期、関節リウマチなど16の疾患）に限り、介護サービスを受けることができます。

介護サービスを受けるための認定は、「要支援」と「要介護」に大きく分かれています。

「要支援」は、「日常生活上の基本動作については、ほぼ自分で行うことが可能であるが、日常生活動作の介助や現在の状態の悪化の防止により要介護状態になることの予防に資するよう手段的生活動作について何らかの支援を要する状態のこと」と定められています。たとえば自分で入浴はできるが風呂掃除はできないという場合などがこれに該当します。

「要支援」は1と2に分かれていて、1は「日常生活上の動作について、ほぼ自分で行うことができるが、生活上の支援が必要である」、2は「要支援1に比べると、自分でできることが少なくなり、支援と共に一部介護が必要である」となります。

これに対して、「要介護」は「日常生活上の基本動作についても、自分で行うことが困難であり、何らかの介護を要する状態であること」と定められています。日常生活全般において自分ひとりで行うことが難しい、つまり自立して生活できないということです。入浴を例にとれば、体を自分で洗ったり浴槽に入ったりすることができず、他者の支援が必要になっている状態です。

「要介護」は、1（立ち上がりや歩行が不安定で、日常生活で部分的に介護が必要）から5（寝たきりの状態で、日常生活全般においてすべて介助が必要で、意思疎通が困難）までに分かれていて、状態によって5段階のどれかに位置づけられています。

これらの認定は、各人の申請により各地方自治体の介護認定審査会で行われますが、審査会は、保健、医療、福祉の学識経験者により構成されています。高齢者の心身の状態調査および主治医意見書に基づくコンピュータ判定による第1次判定と、主治医の意見書などに基づき審査会が審査する第2次判定で、認定が決定します。そして、「要支援1、2」「要介護1、2、3、4、5」の認定段階によって受けられるサービスと時間が異なります。詳しくは関連のホームページや各自治体の介護保険の窓口で聞いてください。

第1章で触れたように、100歳以上の人は多くが介護認定を受けています。高齢になれば身体機能の低下は避けられません。「他人の世話になりたくない」などと思わずに、外部の力をうまく利用しましょう。それは家族にとっても意味のあることなのです。

高齢者の体力は改善している

日本老年学会は２０１７年、新しい世代の高齢者ほどさまざまな機能が改善している傾向を見ると、高齢者に該当する年齢区分を65歳以上とするのではなく75歳以上とすることがふさわしいのではないかと提案しています。

このようなことを書くと私の年齢がばれるかもしれませんが、私が子どもの頃には、近所に着物、襦袢《じゅばん》を着て、草履《ぞうり》をはいて歩いている高齢の人がいました。その方が何歳だったのかはわかりませんが、だいたい65歳から70歳くらいだったと思います。また私の祖父の還暦には、赤いちゃんちゃんこを着てお祝いをしていた様子が頭に残っています。これは１９７０年代半ばのことですが、中学生の私から見ても、この年代の人には「お年寄り」という言葉がちょうどぴったりしていたように思います。これが私の抱く高齢者のイメージでした。

それが覆されたのが、加山雄三さんが還暦祝いのコンサートでギターを弾きながら歌っているのを見た時です。調べてみると、これは１９９７年のことでした。当時、私はすでに高齢者研究を始めていましたが、ちゃんちゃんこならぬ赤いジャケットを着て力強く歌う加山さんの姿を見て、「高齢者」とは誰のことを指すのかを考えはじめる契機となりました。

健康寿命が長いことで示されているように、高齢者の健康状態が以前よりよくなっていることは間違いありません。スポーツ庁の「体力・運動能力調査」によると、65~69歳、70~74歳、75~79歳の各男女に実施した「新体力テスト」では、2002年から2020年の間で全年齢層ともに数値が向上しています。

このテストは、握力、上体起こし、長座体前屈、開眼片足立ち、10メートル障害物歩行、6分間歩行の6つの種目を行うもので、その平均を数値化したものです。2002年と2020年の数値を比べると、65~69歳の男性で2・2、同女性で3・0、70~74歳の男性で3・0、同女性で3・7、75~79歳の男性で3・0、同女性で4・8と、すべての区分で数値が上昇しています。

背景にはふたつの理由があります。

ひとつ目に挙げられるのは、先に紹介した平均寿命が延びるにしたがって、不健康期間が圧縮される現象が生じていることです。先にニューイングランドのスーパーセンテナリアン調査の結果を紹介しましたが、若い高齢者（変な表現ですが）では、不健康期間が短くなり、健康寿命が延びている。すなわち若返りが起こっているといえるのです。

もうひとつは、運動習慣のある人が増えていることがあります。２０１９年には、75歳以上の男性46・９％、同女性で37・８％が運動習慣を持っているという調査結果が出ています。この数値はかなり高く、65〜74歳の男性38・０％、同女性31・１％、20〜64歳の男性23・５％、同女性の16・９％を上回っているのです（厚生労働省「国民健康・栄養調査」）。

ここでいう「運動習慣のある人」とは「１回30分以上の運動を週２回以上実施し、１年以上継続している人」のことで、若い高齢期には仕事があったり家事で忙しかったりと運動する機会は少なくなりがちでも、そこから解放されて運動への意欲が高まる人が多いようです。前述したように、年齢別区分で記録が登録されるマスターズ競技の最高年齢区分は１０５歳で、これは多くの人の目標になるのではないでしょうか。

また、昔に比べると、手軽に運動をすることができる場所が増えました。以前は公立の体育館に行かなければならなかったのが、あちこちに民間のスポーツジムが設置されています。お散歩した人が一休みできるベンチなども増えてきました。これまで家を出るのを控えていた人が出かけるきっかけにもなるでしょう。

高齢者の8つの慢性疾患について

100歳の健康状態を見る前に、高齢者の健康と疾患について概観しておきましょう。

高齢になるということは老化が進むということですので、体のあちこちに不具合が生じてきます。

厚生労働省の「令和4年（2022年）度医療費の動向」によれば、1年間のひとり当たりの平均医療費は75歳未満が24・5万円に対して、75歳以上は95・6万円となっています。あくまで平均ではありますが、単純に3倍以上数字が増えています。

入院治療では、平均在院日数が65歳未満で18・9日、65〜74歳で31・7日、75歳以上で47・5日です。また外来では、後期高齢者医療保険（75歳以上及び65歳以上で寝たきり等の一定の障害があると認定された人が加入）で受診する人の5割弱が毎月受診しています。これに対して、たとえば国民健康保険で毎月受診する人の割合は、2

割を切っています。

毎月受診する人が多いのは慢性疾患が多いからです。高齢者の慢性疾患として次の8つが挙げられています。①高血圧症、②胃・十二指腸潰瘍、③脂質異常症、④関節症・脊柱障害、⑤骨粗鬆症《こつそしょう》、⑥糖尿病、⑦白内障・緑内障、⑧認知症。いずれもよく聞いたことのある疾患ですね。後期高齢者の86％がいずれかの慢性疾患を治療しているといいますから、これらの疾患の広がりがわかります。

高齢者の特徴として、疾患を持つ人が多く、しかも慢性疾患が多いこと、複数の慢性疾患を持つ人が少なくないこと、入院に至ると長期化することが多いことが指摘されています。また認知機能、視力や聴力の低下など、身体機能の低下も目立つようになります。

１００歳の人もこの流れの中にあるわけで、大きな傾向は変わりません。しかし、「年齢階級別にみた有病率の違い」では、すべての慢性疾患で95歳以上が90～94歳を下回っています。

このような結果が見られるのは、慢性病を多く持っている人は亡くなる可能性が高くなってしまうからです。だからこそ百寿者の人は健康長寿の代表だと考えられてきたわけです。

私が百寿者研究に関わりはじめた2000年頃には、糖尿病の百寿者の人は6%しかいませんでした。しかし、現代は糖尿病をうまくコントロールできる薬も出てきています。2010年頃に面接をした百寿者の方は、糖尿病がありましたが、非常に規則正しい生活とお薬でうまく病気と付き合っていました。現在では、病気をきちんとコントロールできれば慢性の疾患を持っていても100歳まで生きることはできるかもしれません。今後の研究が待たれます。

認知症とはどんな病気か

100歳の健康状態ということで、認知症への関心も高いことと思います。事実、認知症による徘徊《はいかい》で事故に遭って亡くなったり、詐欺などの犯罪に巻き込まれたり、また日常的な出来事では家族の顔を忘れたり、食事をしたことを忘れてしまったりということが、しばしばマスコミでも話題になっています。

まず認知症について、基礎的なことを押さえておきましょう。

一言に認知症といってもその発症の原因によってさまざまなタイプがあります。主なものとして、アルツハイマー型認知症、血管性認知症、レビー小体型認知症、前頭側頭型認知症などに分けられています。認知症全体で、アルツハイマー型が約68％、血管性が約20％、レビー小体型が約４％、前頭側頭型が約１％、混合型が３％を占めるとされています（２０１３年、厚生労働省）。

ＷＨＯの定義（ＩＣＤ-10＝「国際疾病分類」第10版）では、「記憶、思考、見当《けんとう》識《しき》、理解、計算、学習能力、言語、判断などの多数の高次（脳）皮質機能障害」となっています。見当識とは、現在の年月や日付、場所や周囲の状況、人間関係など、自分が置かれている基本的な状況を把握することをいいます。

能力が一度に失われていくのではないので、初期にはまわりの人が気づかないこともあります。特に記憶機能が低下してきた場合は、覚えていないことを覚えているといったり、約束を忘れてしまったりしてトラブルになることもあります。

認知症の問題は、自立した日常生活が送れなくなることです。最近は、前認知症状態も注目されていますが、多少物忘れがあっても、メモを取ったりなんらかの工夫をして日常生活を送ることができている段階は認知症とはいえません。

これらの能力を測るのには、認知症のスクリーニングテストを行います。最もよく知られているのはMMSEと呼ばれるもので、1975年に発表されています。私も大勢の百寿者を対象にこのテストを行ってきました。ちなみに日本では、長谷川式認知症スケールと呼ばれるテストが使われることも多いですが、実は長谷川式は1年早い1974年に発表されています。当時は今ほど海外で研究発表をすることが少なかったので、MMSEが広まりましたが、もし世界標準になっていれば、私も長谷川式を実施していたと思います。

私自身は認知機能の究極の加齢状態を知りたいという動機で百寿者研究に関わるようになりましたが、今はMMSEを使って認知機能を評価するのは好きではありません。調査に参加する同意をしているとはいえ、いきなり訪ねてきた人から「100から7を順番に引いてください」などと聞かれるのですから。ですので私は治療を目的とした細かい診断が必要な場合や、記憶機能など特定の要素を評価する必要がない場合は、本人の日常生活を知るまわりの人の評価で十分だと考えています。特に百寿者の場合は、心理的な負担を減らすためにも重要だと考えています。

１００歳の認知症発症率

　では百寿者のうち認知症の人の割合はどれくらいでしょうか。

　世界の１００歳研究をしている人たちが集まる国際百寿者研究会（ＩＣＣ）でデータを持ち寄り、どれくらいの割合で認知症であるか（認知症の有病率）を推計したものがあります。東京百寿者研究もデータを提供しています。全体で18の研究チームが参加しており、それぞれ異なった評価法を使っているため、データの統合は非常に骨の折れる仕事でした。結果が論文として世の中に出るまで5年ほどかかっています。

　国や地域によって、また年齢幅も研究によって異なりますが、95〜99歳で男性34％、女性38％、１００歳以上では男性56％、女性65％が認知症であると推計されています。

　日本での認知症有病率は、それよりも少し高くなります。65歳以上の高齢者全体では約17〜18％ですが、１００歳以上になると約60〜70％と推計されています。どのくらい認知症になっているかを１００歳以上について年齢別に調べたものがあります。１００歳を見ると、男性で40％、女性で60％です。さらに、１００歳以上で年齢が高くなると、認知症の有病率が高くなるという傾向が出ています。

男女別では、女性は年齢が高くなればなるほど認知症の人が増えて、110歳を超えるとほとんど認知症になっています。一方、男性は女性に比べると認知症の割合が少なくて、111歳で認知症でない人もいました。

認知症のタイプで最も多いのはアルツハイマー型認知症ですが、110歳の人を詳しく調べた日本の研究では、アルツハイマー病の進行による脳の変化は軽微であったことが報告されています。本書では遺伝と長寿の話はしませんが、百寿者の遺伝的特徴として、百寿者ではアポリポタンパクE（アポE）の4型の人が少なく、2型が多いことが知られています。4型はアルツハイマー病の原因遺伝子として知られているので、100歳まで長生きした人はそもそもアルツハイマー病以外の原因で認知症になるのかもしれません。

ただ第2章で紹介したカルマンさんのように、118歳の検査では認知症でなかったというような例もあるので、実際に寿命が延びていくとどう変わるかはまだはっきりとわかりません。

余談ですが、これは「百寿者の認知機能に関する研究」というタイトルの私の研究論文に含まれているデータです。2022年の認知心理学会で「独創賞」を受賞した記念に、過去の研究をまとめ直しました。世界でも１００歳の認知機能を研究している人は30人もいないだろう、ユニークな研究だという意味でいただけたのだと思っています。

認知症があっても

認知症を発症していても、日常生活を送る上で問題なく生活している１００歳の例もあります。私が話を聞いた何人かの人がそうでした。

兵庫県の１０１歳の女性ですが、82歳から認知症の兆候があったそうです。しかし85歳まではお孫さんのご飯を作っていましたし、92歳まで田畑や家のまわりの草を刈り取っていました。ところが、近くの農協に娘さんたちが買い物に行ったところ、「おばあさんが鎌と種をいつもいつも買いに来るけど、売っていいだろうか？」と尋ねられたそうです。草刈りをすると、鎌を置きっぱなしにして帰ってしまい、どこに置いたかわからなくなって何度も新品を買っていたのです。実際に畑には朽ち果てた鎌があちこちに放置されていて、ちょっと危険な状態でした。また蒔《ま》いていない種も大量に見つかったということです。

そんな状態でしたから認知機能検査はまったくできませんでしたが、「また来てもいいですか？」と私が聞くと、「何もないけどまた来てください」と元気のいい答えが返ってきました。この女性は101歳で骨折して入院しましたが、それまでの9年間、昼間はひとりで暮らしていたのです。

次は102歳の女性の話です。この人は施設に入所していましたが、押し車で歩くことが可能でしたから、足腰の衰えは少なかったようです。認知症と判明したのは97歳の時でした。前から続けていた畑仕事で、植えたばかりの苗を雑草だと思って抜いてしまったり、防水のビニールシートを剝がしたりするようになって、そうだとわかったそうです。

私が質問しても昔のことを思い出すことができず、MMSEもほとんどできませんでした。途中で機嫌が悪くなってきたので、無理はせずに話を打ち切りましたが、「義母は精神的に安定していて、外に対して自分（お嫁さん）の悪口は一切しなかった」とお嫁さんが話してくれました。話し上手で聞き上手、畑に何を植えるかなどの計画をきちんと立ててやってきたそうです。最後に写真を撮りましたが、背筋を伸ばしてにこにこしてポーズを取ってくれましたから、お嫁さんが語った通り、人付き合いの上手な人だとわかりました。

認知症でも周囲の理解とサポートがあって、日々の生活を送ることができる100歳もいるのです。

100歳の疾患と自立度

次は自立度を見ていきましょう。

介護保険の認定状況を65歳から90歳以上の5歳刻みのデータで見ると、やはり高齢になるに従い、要支援、要介護の認定率が高くなります。90歳以上では、男性で約50%、女性で約70%が要介護です。

また85歳以上では自立している人が6割近くいますが、100歳になると自立が2割を切っています。また百寿者について日常生活がどの程度できるか（日常生活活動度）を調べたものでは、自立が約20%、軽度の介助が約26%、中等度の介助が約15%、寝たきり（全介助）が約38%でした。

高齢者に関しては、病気にかかる人も増えています。私たちが行っている研究調査では、百寿者の95%くらいは慢性的な疾患があり、最も多い高血圧が60%、心疾患が

30％、消化器系の疾患が20％、脳血管障害が16％となっていました。糖尿病は少なく6％でしたが、骨折の経験者は半分近くいて、特に女性では顕著に多かったです。慢性疾患がない人が5％いましたが、トータルで見ると、視聴覚、身体的側面と認知的側面において、まったく障害のない百寿者は2％でした。

一方、「令和4年版高齢社会白書」から「介護が必要になった主な原因」を見ると、①認知症、②脳血管疾患（脳卒中）、③高齢による衰弱、④骨折・転倒、⑤関節疾患、となっています。認知症が介護の一番の原因ですが、脳血管疾患（脳卒中）と心疾患（心臓病）を加えると19・7％になり、生活習慣病も大きな要因となっていることがわかります。

ここまでの数字や自立している割合の少なさを考えると、「100歳まで生きたいと思いますか」という質問に「はい」と答える人が少ないのもわかる気がします。

日本独特の敬老精神

ジャン＝マリー・ロビンというフランスの人口学者が、日本とデンマーク、フランス、スウェーデン、スイスの5カ国を比較したデータに、どれぐらいの人数が100

図10　日本はデンマークの2.5倍百寿者になりやすい

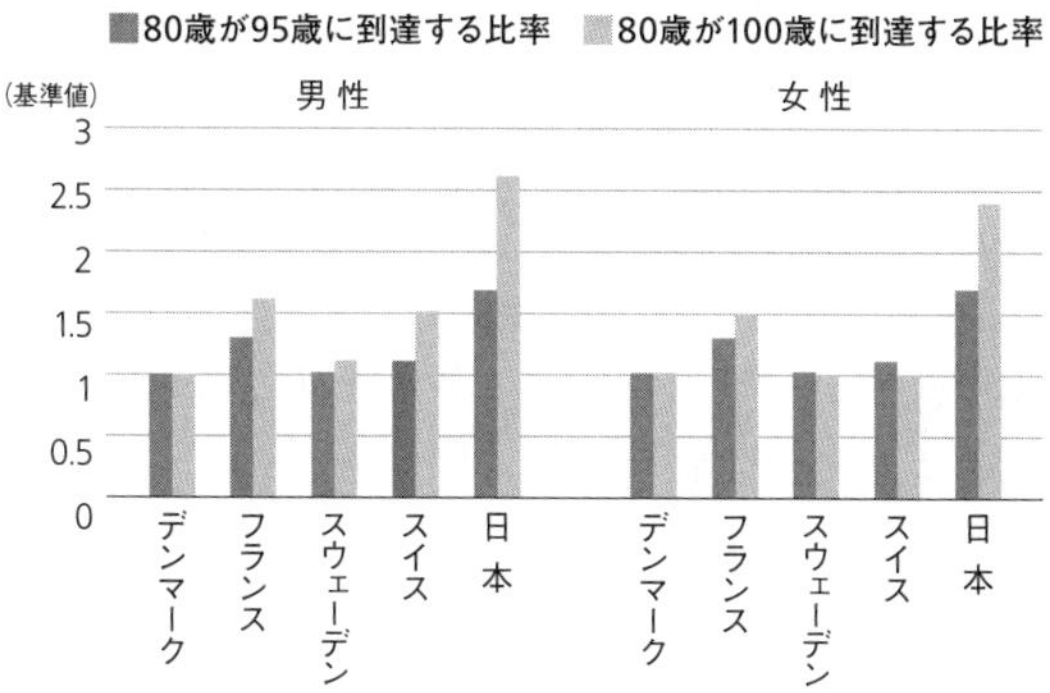

出典：巻末リスト参照

歳になりやすいかを示したものがあります。これは、デンマークを基準として80歳の人が95歳に到達する比率、および100歳に到達する比率を出したものです（図10）。男性と女性で分かれていますが、傾向はほぼ同じです。

デンマークを1とした時に、地理的にお隣のスウェーデンはだいたい同じくらい、フランスは少しなりやすく、スイスも少しなりやすい。しかし日本は80歳の人が100歳になる確率がデンマークの2・5倍です。驚くべきことです。

私たちは子どもの頃から、デンマークは福祉の国だ、北欧の福祉は素晴らしいと聞いていましたが、日本のほうが長生きできるじゃないかということになるのです。私は、どうしてこういう違いが出るのかということについて5カ国の比較研究を進めていますが、なかなかこれだという結論は出ていません。

さまざまな理由が考えられますが、最も大きな理由は日本の敬老精神の高さがその根本にあるのではないかと私は考えています。日本では9月に敬老の日があり、毎年百寿者の人口がマスコミで報道されるので、あまり違和感を持つ人は多くないと思います。しかし、世界各国を見回しても敬老の日が国民の祝日である国はごくわずかなのです。

敬老精神の根拠となっているのは、1963年に制定された老人福祉法です。この法律に基づいて、高齢者を対象とした医療制度や高齢者を敬うさまざまな政策が取られてきました。また、多くの人が高齢者を敬う気持ちを持っていると思います。現在、一般化されている公共交通機関の優先席は、かつてシルバーシートと呼ばれ、1973年からその制度があるそうです。

最近、フランスで路線バスに乗る機会がありましたが、運転が乱暴で驚きました。急発進、急停車は当たり前で、荷物を持っていた私は転びそうになりました。日本で路線バスに乗っても、そのような経験はしたことがありません。日本のバスでは「車が完全に停車するまで席を立たないように」というアナウンスが入りますし、乗車した人が席に座るのを確認してバスを動かします。フランスも結構な数の高齢者が乗っているのにこの違いは何でしょうか。

海外の研究者が日本に来て驚くのは、街中でたくさんの高齢者が歩いていることだそうです。日本は長年かけて高齢者が生きやすい環境をあらゆる側面で作り上げてきたのです。もちろん、そのことで自身の生活を犠牲にした人がいて、そうした状況の改善のために介護保険が導入されたことも忘れてはいけません。ともあれ日本は高齢者を敬う精神がきわめて高い国であり、それが超高齢社会をつくったひとつの要素だと私は考えています。

長生きと虚弱のパラドックス

長生きできることの負の側面もあることは確かです。デンマークと日本を比較したデータを見てみましょう（図11）。

デンマークでは、1995年に100歳になった人と2015年に100歳になった人という、20年離れた年齢コホート（調査のための集団）について障害の程度を比べています。男女ともに1995年と比べると2015年には「障害がない」という人が増えています。ということは20年の間に100歳がどんどん元気になっているといえます。

一方、日本については、1973年から2000年に行われた全国100歳研究のデータを利用して「寝たきり」の人がどの程度いたのか比較しました。73年に日本で初めて100歳の全国調査が行われ、その後何回か調査がありましたが、最後に行われたのは2000年です。2000年は100歳の人口が多くなりすぎたため、全員の調査をするのは無理ということで、その半数を調査しています。その結果を見ると、だんだんと寝たきりの人が増えているという傾向があります。特に女性では顕著です。

つまりこのふたつのデータから、「日本は長生きをすることができるけれど、元気で長生きできない国である」ということが推論できるわけです。

このような傾向は、長寿で知られる沖縄や私が関わっている調査などでも観察されます。日本では、若い高齢者の元気の度合いは高まっているのに、100歳の元気の

図11　日本とデンマーク、100歳の健康状態比較

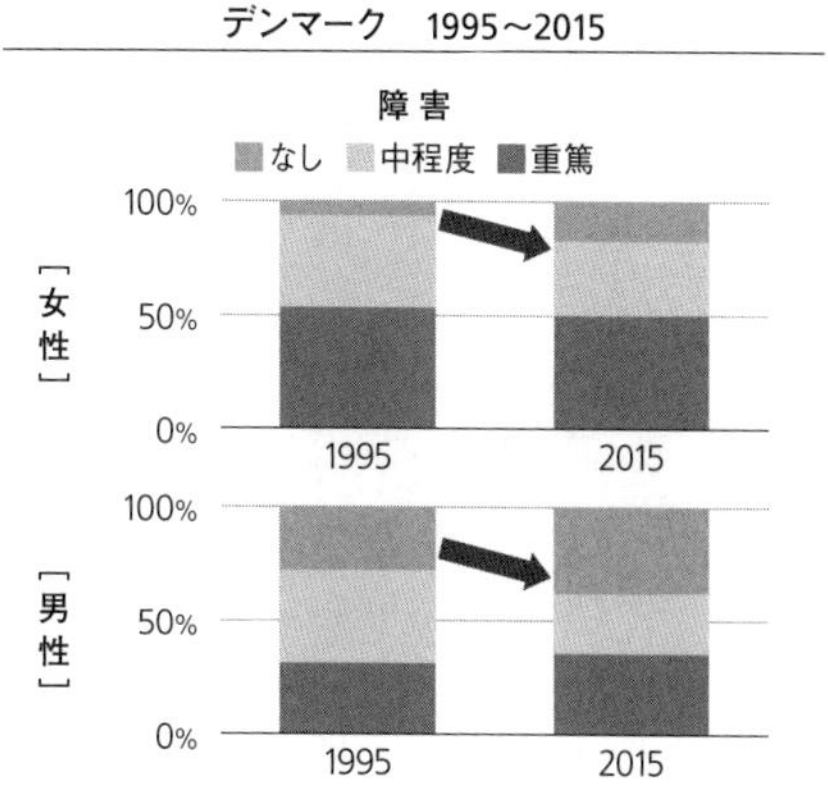

出典：巻末リスト参照

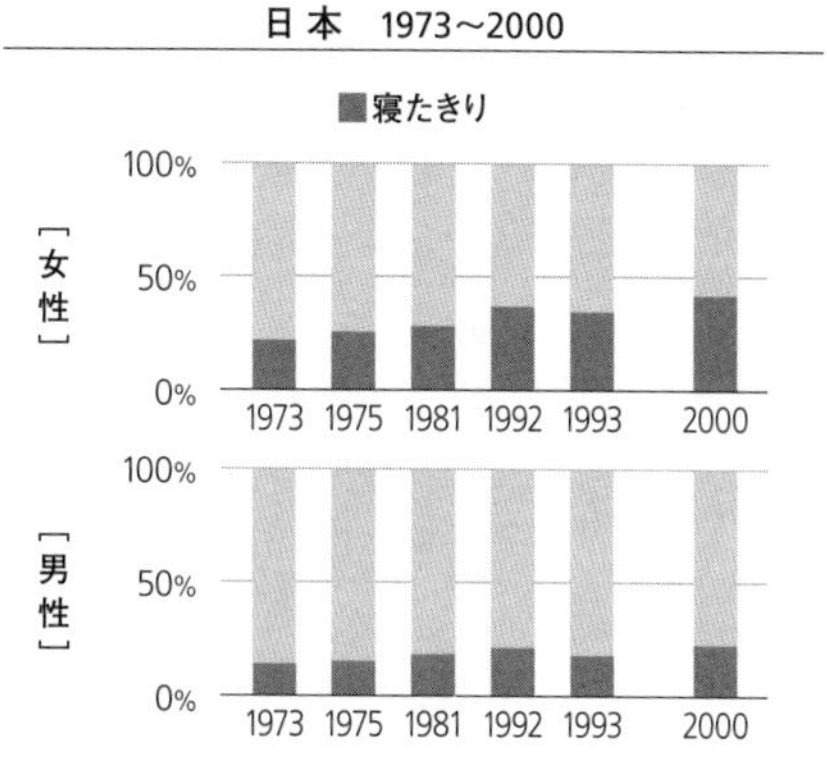

出典：巻末リスト参照

度合いが低くなっている。これは、先に紹介した有病状態の圧縮と有病状態の拡大が同時に生じているように見えます。

健康な百寿者はいないが、自立した百寿者は存在する

10年ほど前、デンマークで百寿者を研究しているカレン・アンダーセン＝ランバーグ博士が来日し、一緒に数名の百寿者を訪ねたことがあります。アンダーセン博士は「健康な百寿者はいないが、自立した百寿者は存在する」という題名の論文で高く評価されている研究者で、実際に100歳の人の家を一軒一軒訪問し、調査をしています。彼女が日本で100歳の人の家を訪問したいと考えたのも、自分の目で状況を見ないとわからないことがあると知っているからでしょう。

ある訪問先で、完全介護状態の105歳の女性に会いました。娘さんが献身的に介護していて、特に食事を一口ずつスプーンで口元まで運んで食べさせている様子が印象的でした。アンダーセン博士はとても驚いて、「デンマークでは、このような状態の人は生きていけない」と強調しました。私にとってはさほど珍しくないことでしたが、それぞれの国、社会で介護のやり方は違うのだと改めて感じました。また、この経験が、日本の敬老精神の素晴らしさを考えるきっかけにもなりました。

アンダーセン博士の論文タイトルのように、病気を持ちながらも自立した生活を送る100歳の方は多くいます。また紹介したように、認知症があってもまわりの人たちからの援助を得ながら、普通に生活をされている方もいます。

本章の終わりに、沖縄のある島に調査に行った時のことをお話ししましょう。その人は110歳になった方の妹さんで97歳ぐらいだったと思います。残念なことに認知症が進んでいて昔の話もあまり聞くことはできませんでしたが、穏やかな表情の人でした。

部屋には沖縄民謡が流れ、「明日からお祭りだから参加しましょうよ」と私を誘ってくれます。ご家族に確認すると、お祭りはないとのことでした。家族の方たちは「彼女は家族の柱なのでいてもらわないと困る」というようなことを話しました。認知症も悪くはないな、認知症になるのであれば自分もこんな風になれればいいなと思いました。

大学の授業で、私は必ず、自分が死を迎える時に誰といたいかという質問を学生たちにします。この質問の意図は、人は成長場面では将来に向けてストレスを感じるようなしんどいことをするが、死に近づくにつれて徐々に心の安寧を重視するようになるという、加齢に関する理論を説明するためです。

学生たちの最も多い答えは「家族」です。世代を問わず共通で心が安らぐ存在は、長年関係を築いてきた家族でしょう。近年、独居高齢者の増加と孤独が注目されていますが、どうやって安心できる場所をつくるのかということは、個人だけでなく社会の課題として考えなければならないと思います。

平均的な百寿者はいないといいましたが、100歳を超えるさまざまな人たちと話をし、考える機会があったことが自分にとっては得難い経験でした。自立生活が送れなかったり寝たきりであったりしても、彼らから幸せな時間を感じさせてもらったことが今のテーマにつながっています。それについては、次の章で考えていきましょう。

第4章　100歳の人は幸せか

――「老年的超越」を手がかりに

100歳の健康と幸福の関係

第3章で100歳の現状を見てきました。元気な人もいますが、多くの人たちはさまざまな機能が低下し、自立した生活を送ることが難しい状況です。では、そういう人たちはどういう気持ちで暮らしているのでしょうか。不幸だと感じているのか、幸せだと感じているのか、そんなことを考えてみたいと思います。

「東京百寿者研究」では、おおよそ300人の100歳以上の人について面接調査をしました。この研究はチームで行っていたため、私がすべての参加者の方にお会いしたわけではありません。ご自宅でのひとり暮らしの人から、病院や施設で意識もなくベッド上で生活している人まで、さまざまな方がいました。

人間でも動物でもそれぞれの特徴を観察し、グラフで表すと、「正規分布」と呼ばれる真ん中に位置する数が最も多く、真ん中より数値的に高く、または低くなるにしたがって数が減り、グラフは小山のような形になります。しかし年齢が高くなればなるほど小山は平坦《へいたん》になり、いろいろな状態の人たちの割合が均等に散らばります。私たちは通常、その集団の特徴をつかむために「平均」を取り上げますが、百寿者には「平均的」という表現が当てはまらなくなるわけです。

そのような人たちを、自立した日常生活を送れるのかどうかという観点から分類した結果、2割程度の人が自立できているということがわかりました。自立しているかどうかの目安は、目や耳に問題があっても、認知機能がしっかりしていて身のまわりのことを自分でできるかどうか、です。逆の側面から見ると、残りの8割の人は認知機能、身体機能いずれかの問題で誰かの助けを借りないと生活することが難しいということを意味します。

「自立していない＝不幸」ではない

ではここで、自分がその8割に該当し、自立して生活できない人に含まれていたと考えてみてください。多くの人が「自分は不幸だ」とか「そのような状態で生きているのは嫌だ」と考えるのではないでしょうか。

昔から「健全な体に健全な精神が宿る」などといわれるように、体の健康度合いと幸福感には強い結びつきがあると考える人も多いでしょう。まさに前の章で紹介した「100歳まで生きたくない理由」がそこにあるわけです。しかし、私たちが「主観的幸福感」に関して質問紙を用いて調査したところ、若い人たちと比較してもそう下がっていないという結果が出てきたのです。

具体的には、PGCモラールスケール（The Philadelphia Geriatric Center Morale Scale）による調査で幸福感を測定します。これは、フィラデルフィア高齢者センターのロートン博士が作った高齢者向けの「幸福感を測定するための質問票」です（表1）。ロートン博士は高齢者心理研究のパイオニア的な存在で、以前から「幸福感は物理的な環境とは必ずしも一致せず、自分の主観的な体験であること」を主張してきました。昔はやった「いっぽんどっこの唄」にある、「ぼろは着ててもこころの錦」のように、どうあるかよりもどう感じているかが大事だと考えたわけです。

これは、老年的超越を理解する上でも非常に重要な考え方になります。

PGCモラールスケールは、その人がどのような精神状態であるかを「心理的動揺」（感情の揺らぎ）、「老いに対する態度」（老いの受け入れ）、「孤独感・不満足感」（気分の状態）などから考察し、幸福感を評価しようとする質問票です。

たとえば「あなたには心配なことがたくさんありますか」は「心理的動揺」に、「あなたは若いときと同じように幸福だと思いますか」という質問は「老いに対する態度」に、「生きていても仕方がないと思うことがありますか」は「孤独感・不満足

表1 PGCモラールスケール

あなたの現在のお気持ちについてうかがいます。当てはまる答の番号に○をつけてください。

1. あなたの人生は、年をとるにしたがって、だんだん悪くなっていくと思いますか〔Ⅱ〕
　1. そう思う　2. そうは思わない
2. あなたは去年と同じように元気だと思いますか〔Ⅱ〕
　1. はい　2. いいえ
3. さびしいと感じることがありますか〔Ⅲ〕
　1. ない　2. あまりない　3. しじゅう感じる
4. 最近になって小さなことを気にするようになったと思いますか〔Ⅰ〕
　1. はい　2. いいえ
5. 家族や親戚、友人の行き来に満足していますか〔Ⅲ〕
　1. 満足している　2. もっと会いたい
6. あなたは、年をとって前よりも役に立たなくなったと思いますか〔Ⅱ〕
　1. そう思う　2. そうは思わない
7. 心配だったり、気になったりして、眠れないことがありますか〔Ⅰ〕
　1. ある　2. ない
8. 年をとるということは、若いときに考えていたよりも、よいことだと思いますか〔Ⅱ〕
　1. よい　2. 同じ　3. 悪い
9. 生きていても仕方がないと思うことがありますか〔Ⅲ〕
　1. ある　2. あまりない　3. ない
10. あなたは若いときと同じように幸福だと思いますか〔Ⅱ〕
　1. はい　2. いいえ
11. 悲しいことがたくさんあると感じますか〔Ⅲ〕
　1. はい　2. いいえ
12. あなたには心配なことがたくさんありますか〔Ⅰ〕
　1. はい　2. いいえ
13. 前よりも腹を立てる回数が多くなったと思いますか〔Ⅰ〕
　1. はい　2. いいえ
14. 生きることは大変きびしいと思いますか〔Ⅲ〕
　1. はい　2. いいえ
15. いまの生活に満足していますか〔Ⅲ〕
　1. はい　2. いいえ
16. 物事をいつも深刻に考えるほうですか〔Ⅰ〕
　1. はい　2. いいえ
17. あなたは心配事があると、すぐにおろおろするほうですか〔Ⅰ〕
　1. はい　2. いいえ

(注) 下線部を1点として合計得点を出す。
〔 〕内は因子名。Ⅰ:心理的動揺　Ⅱ:老いに対する態度　Ⅲ:孤独感・不満足感

出典：古谷野亘、柴田博、芳賀博ほか「PGCモラール・スケールの構造――最近の改訂作業がもたらしたもの」『社会老年学』29、1989年

感」を評価します。

質問は全部で17項目あり、個人的には、100歳の人にこんなことを聞いてもいいのだろうかと思うような質問（たとえば寝たきりの人に「生きていても仕方がないと思うことがありますか」と聞くなど）も中にはあります。いずれにせよこのPGCモラールスケールは現在でも多くの高齢者調査で使われています。

さて、この質問から計算できる得点を異なる年齢間で比較すると、驚くべき結果が出ました。100歳の人の得点が、中年期の人や若い高齢者たちのそれとあまり変わらなかったのです（図12）。若い人は健康な人が多く、体も自分の思った通りに動かせるし、老いを意識する機会も少ないと思います。一方、100歳の人には機能の低下によってすでに行動に多くの制限があり、視力が落ちて耳も遠い人が多く、しかも家族や親しい友人の死も多く経験している。にもかかわらず、幸福感がそれほど下がっていないと考えられたのです。

この結果から、年齢が高くなるにつれて、体の状態と心の状態の関係は弱くなるのではないか、言い方は悪いですが「ぼろは着ててもこころの錦」状態がはっきりしてくるのではないかということがわかってきました。

同じデータから自立が難しい人のみに注目すると、もっとはっきりした結果になります（図13）。65歳から90歳までは、自立が困難な人の幸福感は低いですが、同じような状態の100歳を見ると、むしろ幸福感が高いことが見えてきました。

後年、85歳以上の方たちに行った調査でも同じように病気の有無や、身体機能のレベルと幸福感の関係が弱くなることがわかっています。

そこで私は、主観的幸福感の内容はどんなものだろうか、そして何が理由で幸福感を得られるのか、100歳の人たちに聞いてみることにしました。

100歳の語りに見る幸福感

最初に105歳のMさんについてお話しします。Mさんは100歳の時に「100歳調査」（東京百寿者研究）に参加して、私と知り合いました。この時はとても元気で、1時間半くらいかかる知能テストをすべて受けてもらいました。80歳の時から絵画を習いはじめて90歳くらいにはかなり上手になっていたという積極性のある人です。第2章で紹介した手続き的記憶が低下しないという話と関係します。私もその絵を見せてもらいましたが、90歳とは思えないしっかりした作品でした。

娘さんとふたり暮らしで、親子関係も良好、昔のことをよく覚えていたため100歳の人たちの思い出を集めた書籍『百歳百話』でも思い出を語っていただきました（ちなみにこの本は100人からお話をいただくことを目指していましたが、売れ行きがあまりよくなかったようで、継続した出版がかなわず100人の目標に到達しませんでした）。

Mさんにはその後105歳の時に「セミスーパーセンテナリアン」を調べる「全国超百寿者研究」にも参加してもらい、追跡調査として再び話を聞きました。その時はベッド上での生活で、トイレも自分で行くことができませんでした。

前述のように私はためらいながら、PGCモラールスケールの「生きていても仕方がないと思うことがありますか」という質問をしました。Mさんは少し間をおいて「そうですね」と答えました。私はやはり聞くべきではなかったかと後悔したのですが、続けて「生きていれば、駄目ながらも娘の話し相手になってあげられるからね」と答えたのです。

ほぼ寝たきりでも幸福を感じているのだと私は驚き、Mさんのこの答えが「老年的超越」という現象に興味を持つきっかけになりました。それまで私は高齢期の認知機

図12　主観的幸福感の得点

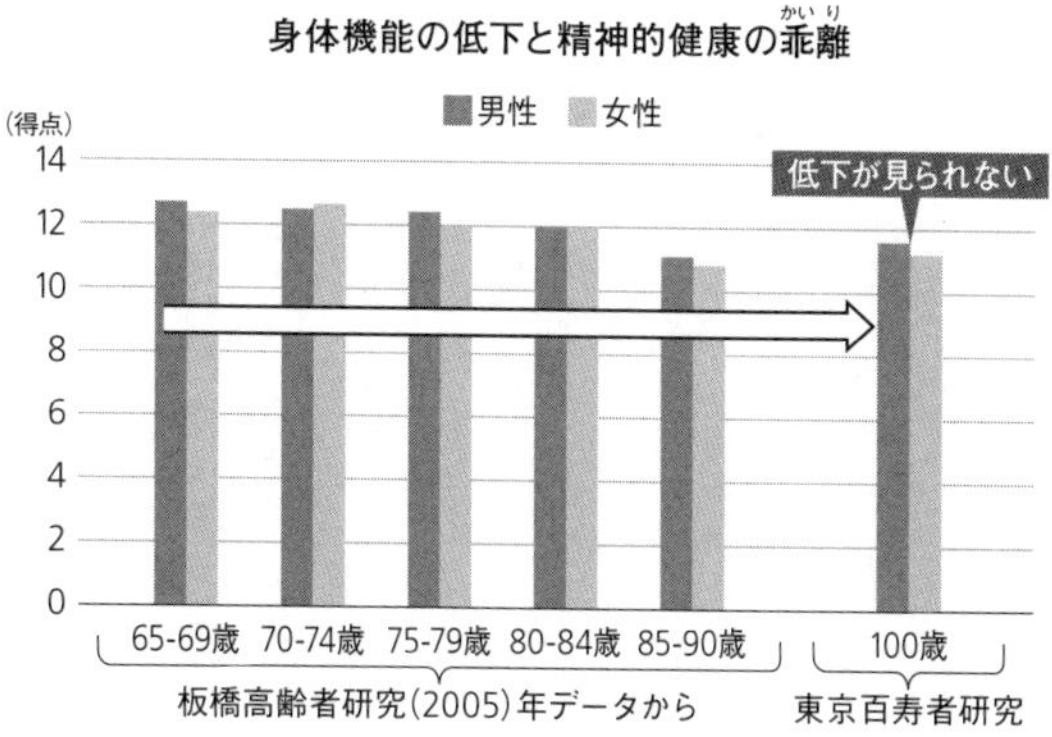

著者作成(行動科学2022)

図13　主観的幸福感の得点(身体的機能非自立者の年齢別比較)

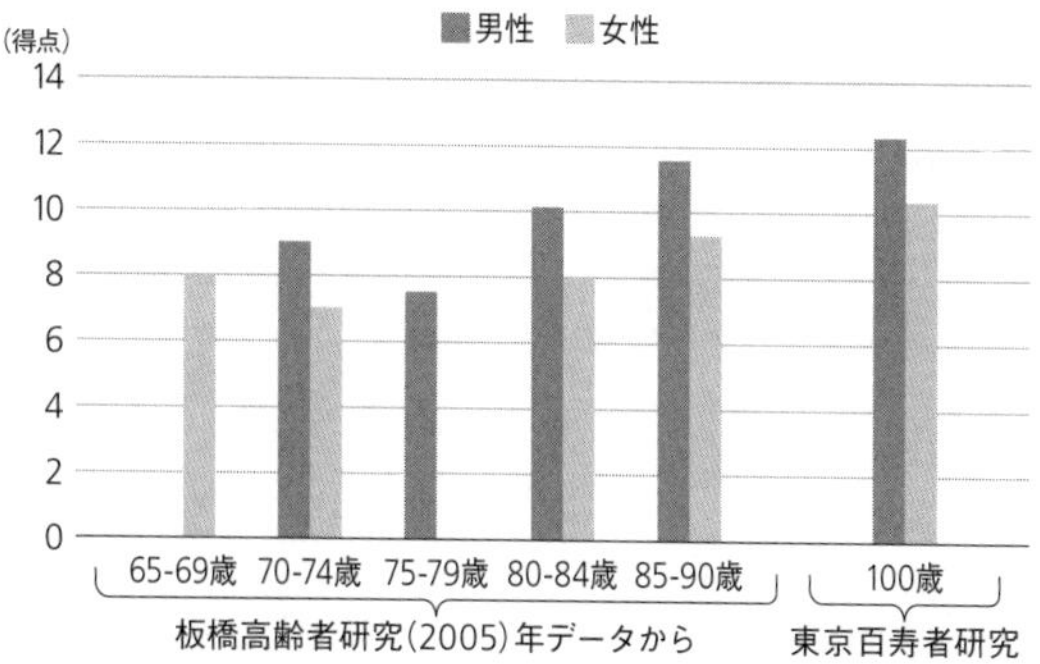

著者作成(行動科学2022)

能の研究をしていたので、認知機能がどのレベルであるのか、認知症かどうかという視点で調査の参加者を見ていた部分がありました。しかし、この一言で研究者として目が覚めたのかもしれません。

Mさんが亡くなった時にはお通夜に参列しました。参列者は多くはなく、40〜50人の座席に10人程度の人が参列していました。私は職場で訃報を知り、その夜直接会場に行ったため、普段着の派手なセーターを着ていたことを覚えています。どこに座ればよいのかわからず、後方にポツンとひとりで座り、ひたすら昔の交流のことを思い出しながら洟《はな》をすすっていたことを覚えています。

「年寄りには年寄りの楽しみがある」

次は105歳の男性Oさんです。自宅を訪ねると、寝室からダイニングに歩いてきたので「お元気だな」と思ったのですが、実際は疲れやすく、食事の時間以外はほとんどベッドで過ごしているとのことでした。認知機能は高く、昔の電車の切符のコレクションや戦時中に自宅に落ちた焼夷弾《しょういだん》のかけらを見せてくれたりして、生い立ちや仕事のことなど興味深い話をたくさん聞くことができました。

この方は、もともと大阪で職業相談の仕事をしていて、東京でも同じような仕事を始めたいという誘いがあり東京に移ってきたとのことでした。当時大阪の事務所には所長とその人しかいなかったので、自分が上京することになったのだと説明してくれました。私も神戸から東京に出てきたので、そういう人生もあるのだなと自分を投影しながら聞いていた記憶があります。

その時、こんなにしっかりしているのに毎日ベッドで過ごすのは退屈ではないのだろうかと思い、そのことを尋ねてみました。するとOさんは「退屈はしません。昔作った歌（職業相談の仕事の関係で、ある会社の社歌の歌詞を書いたことがある）を何回も歌ったり、昔よくやっていた史跡訪問をした時のことを思い出したりしているから」と答えたのです。

ＰＧＣモラールスケールには「若いときと同じように幸福だと思いますか」という質問があるのですが、これに対して「子どもの頃は子どもの楽しみがあったが、年寄りには年寄りの楽しみがある」と答えた人もいました。別の１０７歳の人は「子どもには体を動かす楽しみがあるが、年寄りには気分的な楽しみがある」と話しています。

調査で話を聞いた時の私はまだ30代後半だったので、当時は何か自分とは違う感覚だなという印象でしたが、自分が58歳になってじんわりと言葉の意味が体に沁《し》み込むように理解できます。そして後に「老年的超越」理論を知ることで、こういう人たちの心理を理解するための理論的背景を持つことができるようになりました。

お小遣いの使い道を考える楽しみ

先の経験から時間が経ち、2007年に大阪大学に移ってきて共同研究者たちと百寿者の話をまとめる機会がありました。そして幸福感の内実について、要素を抽出しました（表2）。すると「前向きな気持ちで生きる」とか「制限の中で生きる」、あるいは「他者との良い関係性を築く」ことで「人生の充足感を感じる」ことがわかりました。

幸福感の中身はさまざまですが、その中で一番大事なのは「あるがままの状態を受け入れること」だと私は考えています。

100歳の女性Fさんを紹介しましょう。この人は旦那さんが会社の重役か何かをしていてわりあい贅沢な生活をしていました。いつも京都にお茶を飲みに行っていた

表2　100歳の幸福感

カテゴリー	サブカテゴリー
前向きな気持ちで生きること	日常生活に関心事を見つけ出す
	信念を持って生きる
制限の中で生きること	活動量の低さ
	限界の認識
他者との良い関係性を築くこと	他者との調和
	世話をされる有難さ
人生の充足感を感じること	生きることへの満足
	十分に生きた感覚
あるがままの状態を受け入れること	考えすぎない
	自然に任せる
	平穏な気持ち

安元ら（2017）　老年社会科学

と話されましたが、お茶といってもきちんと点《た》てたお茶です。そういう生活だったので、スーパーでプラスティックのパックに入っている和菓子を見ると、「どなたがお食べになるのかしら」と思っていたそうです。

その後、家族が体調を崩し、自分は施設に入ることになりました。最初の何カ月間は泣いて暮らしていたそうで、「自分は不幸のどん底や」と思っていたそうです。ところがある時、施設でその「どなたがお食べになるのかしら」と思っていたパックの和菓子が出されて、ちょっと食べてみようと口に入れたら「あら美味《おい》しい」と驚いたことを話してくれました。

そういう経験が重なって、私がお会いした時には非常に幸せに施設で生活していました。Fさんが自分から語ったのが毎月のお小遣いのことです。昔は贅沢をしていたが、今は月に3000円をお小遣いとしてもらっている。それで新聞広告を見て、いい本があると1カ月に1冊か2冊、1000円台のあまり高くない本を買うのが楽しくなったと。「以前は何でも手当たり次第に買っとったけれど、自由に買えなくなって、自分でああでもないこうでもないって考えて買うことがものすごい楽しみなんです」というのです。

私たちも美味しいものを食べたり楽しい経験をしたりしますが、Fさんのような話を聞くと、楽しみ方もさまざまだと感じます。最近は「アクティブ」という言葉をシニア世代に当てはめることが多いですが、活動的ではないけれど、頭の中で考えたり想像したり、いろいろな楽しみがあるのだなあと思うのです。

後日NHKの取材でFさんを再び訪問する機会があり、普段の調査とは異なり、撮影しながらの雑談の時にいわれたことがあります。「優しさがいちばん」という言葉です。「この年になると優しくしてもらうことがいちばん嬉しい」、そして、「ご両親に優しくしてあげてね、優しさがいちばん」、Fさんはそう何度も繰り返したのです。

この言葉は、私の金科玉条となっています。決して守れているわけではなく、心がけている程度のものかもしれません。同じ台詞《せりふ》を70歳ぐらいの人にいわれてもそこまで心に刺さることはなかったかもしれません。やはり１００年の人生を生きてきた人の台詞は重みが違います。彼女の人生も決して順風満帆であったわけではないでしょう。教えてもらわなかったことも多いと思います。そのように人生を過ごしてきた最晩年に話されることは本当に価値があると思います。

「ええ、これで十分です」

他にもこういうことを話した人がいます。「新しくやってみたいことはもう年やからできんかなと諦める。十分なことはできんでも、諦めて落ち込んだりはせん。年かなという感じですねえ」。

また別の人は、「少しは欲しいものがあるのではないですか」と聞いたら、「それは美味しいものを食べたいなと思うこともあるけど、もう諦めてますね。ええ、これでもう十分です」。

「諦めている」というと後ろ向きな感じがしますが、１００歳くらいの人の「諦めている」という言葉には「自然に任せる」という要素が非常に強く含まれていることがわかります。後ろ向きではなくて、あるがまま。10年ほど前に映画『アナと雪の女王』がはやって、「レット・イット・ゴー～ありのままで～」という歌が大ヒットしましたが、そういう、あるがままを受け入れる状態になっているということではないかと思います。

中学生の時に聴いたザ・ビートルズの「Let it be」はメロディーが気に入りましたが、最近改めて聴くと歌詞が心に刺さります。まさに「words of wisdom」、知恵の言葉だと思います。もちろん、まだ人生の前半（どこまでが前半かは自分で決めればよいのです）にいる人は、もっと抗う必要があります。抗いと受け入れのバランスは人生のテーマですね。

社会から離脱する生き方

さて、こういった心の変化を「老年的超越」という言葉で表現した研究者がいます。スウェーデンの社会老年学者ラルス・トルンスタム（ラーシュ・トーンスタム）教授で、大規模な調査を踏まえて1989年にこの概念を提唱しました。「加齢に伴う、社会で求められてきた物質主義的で合理的な世界観から宇宙的、超越的、非合理的な世界観への転換」という意味とされます。

これは、年を取るに従い、世界を理解する枠組みの考え方が変わったり、世界のとらえ方が変わってくるということを示しています。おそらく多くの人にとっても同様で、昔考えていたのと今考えている世界は異なるでしょう。私自身、若い時はまわりが敵だらけのように感じていましたが、今はいい人ばかりというような感覚がります。

さて、トルンスタム教授は多くの高齢者を観察し、ユング心理学が発展させてきた人の心の構造や発達に関する考え方、日本の禅仏教などの考えを取り入れ、みずからの理論を整理しています。彼の母国スウェーデンは、プロテスタント系キリスト教のルーテル派（スウェーデン国教会）が多数を占めている社会ですので、自分ひとりで最後まで努力するという価値観が強いものと思われます。また、彼がこの理論を提案した頃は、若さや健康、自立に価値を置き、アクティブでいることがよいという米国流のサクセスフルエイジングの考え方が主流でした。

トルンスタムはそのように自立して活動的に年を取っていくことが理想であるとい

う価値観がすべてではないだろうと考え、自らの理論を構築しました。これは、アクティブな面に着目する「活動理論」に対して米国流では「離脱理論」と呼ばれます。彼が禅仏教に注目した背景には、隠遁《いんとん》や隠居という、加齢とともに世俗から離れ、自然や宗教（神仏）と向き合う、社会から離脱する生き方があったからだと考えられます。

トルンスタムはスウェーデンで65歳以上の約1600人に調査を行い、約20％の人が「老年的超越」を達成していると報告しています。その達成には、年齢が高いこと、活動的であること、専門的職業に就いていたこと、比較的都市部に住んでいること、大きな病気を多く体験していることが関係していたそうです。

私は彼に一度しか会ったことがありませんが、非常に明るい方でした。老年的超越を唱えた人なので、きっと気難しい人なのだろうと想像していたので拍子抜けしました。また、彼は観察力に長けた人だと思います。

宇宙とつながり、生死の区別が弱くなる

例として挙げられるのが元看護師の女性エヴァです。彼女は結婚して3人の子ども

を儲けますが数年後に離婚、大きな精神的苦痛を経験します。エヴァは「精神的苦痛を通じて何かを学ぶことができる」といい、また人生については「前は川の流れに乗っているように感じていたが、今は私自身が川であり、楽しいこともそうでないことも、すべてを含んだ流れになっていると感じる」と答えています。川の流れの件《くだり》から、トルンスタムはエヴァが自分自身の存在と「大いなるもの」、彼の言葉で言い換えると「宇宙的意識」との一体感を感じていると見出しています。彼は、文献調査、インタビューや質問紙調査を進めて、最終的に年を取るとともに変化が生じる３つの領域を指摘したのです。

それらは「宇宙的意識」「自己意識」「社会との関係」と呼ばれます。少し難解ですが「宇宙的意識」の領域では、自己の存在が過去から未来への大きな流れの一部であり、過去や未来の世代とのつながりを強く感じるようになる。最終的には、宇宙という大いなる存在につながっているという意識を持ち、生と死の区別も弱くなると説明しています。

私は子どもの頃、手塚治虫の『火の鳥』という漫画をよく読んでいました。その中に「コスモゾーン」という概念が出てくるのですが、これは多くの意識の集合体であり、ふたりの主人公の心が融合し一体化するという結末で登場しました。後年の作品でいうと大友克洋の『ＡＫＩＲＡ』という漫画でも多くの意識や物質が同じように融合するという結末があります。少しだけリアリティーを持たせると、『スター・トレック』というSF作品のシリーズでは、機械につながれた個人の意識が一体化しているボーグという存在が繰り返し出てきます。このような集合的な一体感を、年を取るとともに感じるのだと考えています。

私が老年的超越の研究を進めるに至ったきっかけは、研究所勤務時代に別の部門の部門長を務めていた高橋龍太郎先生のこの理論についての文章を読んだことにあります。その後直属の上司になり、老年的超越の概念を整理する際に多くの示唆をもらいました。当時、高橋先生はこのことを「一体感」（Oneness）と呼んでいました。現在私は「つながり」と呼んでいますが、当時の議論がなければ老年的超越について理解が進むことはなかったでしょう。

つながりを感じて時間や空間を超越する

ユング心理学では、多くの人が気がつかないだけで、共通して持っている何かが存在すると考えられています。自分が自分だけでは存在しておらず、何かとつながっているという感覚を人間は持つことができます。私の場合は、大きな会場で開かれるコンサートに行った時に、自分が他の聴衆とひとつになっているような感覚を持つことがあります。この感覚は座禅を組んで呼吸をする中で、自分の中に宇宙を取り込んでいく感覚に近いものがあると感じます。

このように人間を含んだ物質世界だけでなく、精神世界などさまざまな領域の間隔が近くなり、境界が明確でなくなったような感覚を年齢とともに感じることが多くなるというのが宇宙的意識の変化だと説明できるでしょう。

百寿者たちは昔の思い出話を、「今、ここで」経験しているかのように話すことがあります。昔、東京の港区に住んでいたことがある百寿者は、近所に住んでいた有力な政治家のお嬢さんが家から馬車に乗って出かける時、いつも馬車の窓に頬杖をついていた様子を「あまりお行儀がよくなかったわね」と批評しながら話してくれましたが、その語り口調は昔を懐かしんでいるというより、ついさっき見たことを話しているかのようでした。特に亡くなった配偶者やお子さんとの思い出を、つい昨日のことのように話す人が多い印象があります。

他者との境界があいまいになるのはなぜか？

他者との距離感については、94歳の女性は遊んでいる子どもを見ると知らない子でも自分と何らかの形でつながりがあるように感じると話しました。また、別の女性は「親子が公園で遊んでいる様子を見ると、親の上には先祖がいてずっと続いている、また子の下には子孫が続いているという、そういうつながりを感じる」といいました。ある女性は、百貨店で開かれた瞽女《ごぜ》さんの展覧会に行ってからは、自分と瞽女さんの間に強いつながりを感じるようになったが、その理由はまったくわからないと話しました。

100歳の男性は「河原の石を見ると先祖がここにいたのだな、先祖の魂があるなと感じる」といいます。彼は認知機能が非常に高く、認知症の兆候が見られるわけではありませんでした。若い時に当時のソ連に抑留され、戦後しばらく帰国がかなわない中で部隊のリーダーをされていた人です。祖先崇拝が熱心な宗教の信者でもありません。

また、朝、目が覚めると「まだ生きているな、不思議だな」と感じることがあるという話をよく聞きます。実は私も、80歳を超えた頃に義父がそのようなことをいいはじめて驚いたことがあります。彼は米寿を越えた今でも自動車を運転して好きなところに出かけていて、大きな病気を抱えているわけでもありませんが、そう感じることが増えたそうです。これも生死の境界が弱くなるということかもしれません。

自分と他人は当然のように別々に存在していて、昨日と今と明日は明確に分かれています。クラスメートや職場の同僚たちは、自分とは異なった家に帰り、曜日ごとに異なる予定で生活しています。しかし、超高齢になると新しい知り合いに出会う機会は減りますし、変化のある日常を送ることも少なくなります。家の中で過ごすことも増えるでしょう。このような環境で生活することで、自分を取り巻くさまざまなものとの関係が近くなるというか、境界がなくなっていく感覚を持ちやすくなるのかもしれません。

自分に対する関心度、認識について

「自己意識」の領域では、自己に対する認識が変化し、自尊感情がよい意味で低下したり、自分の意思や欲求を実現することへの関心が低下したりするとされています。つまり、傲慢《ごうまん》さや自己中心的傾向が弱まり、利他性が高まるのです。

私自身のことを考えても、そのような変化が生じていることを感じます。若い時には本当に「ジコチュー」で、世界が自分を中心に動いているようにふるまっていました。そんな私の結婚式で、大学の恩師は親の面前にもかかわらず「この男は自分が一番偉いと思っている」といいました。自分では気がついていなかったのですが、まわりの人にはばれていたのですね。思い出すと赤面します。

ある90歳近い女性からも大変面白い話を聞く機会がありました。彼女は若い時にとても物欲が強かったらしく、自分が欲しいと思ったものは必ず買うような人だったそうです。ところがだんだんと物欲が低下し、今では以前ほどものに対して執着しなくなったというのです。また若い頃は人を見る目が高く、たとえばお見合いのセッティングにも絶対的な自信があり、これまで数えきれないほどの結婚を取り持ってきたそうですが、年を取るとともにその自信が急激に衰えたそうです。彼女はその理由をうまく説明できなかったのですが、次のように考えるとわかりやすいかもしれません。

自分が中心であるという感覚は、自身の力への過信や、過信を可能にする無知から生じます。人によっては自信のなさから防御的になり、自分を守ろうとする態度から起きる場合もあるかもしれません。いずれにせよ人は成功や失敗を繰り返しながら、自分が万能ではないという感覚や、逆に人と変わらないということを知るようになります。百寿者は自然とそのような感覚を持つようになるのでしょう。
ある女性は、しわだらけになった今が人生で一番いいと話します。その理由を聞くと「昔は自分は不細工で嫌だったけれど、年を取ったらみんなしわだらけで同じだから」と答えました。また別の女性は「昔は歯が出ていて嫌だったけど、今は総入れ歯になってすごくいい」と話します。これらの話は自分自身にも思い当たることがあります。私は子どもの頃から肥満体で、それが嫌だったのですが、昔に比べて同年代の人たちが立派な体格になってきたこともあり、あまり気にならなくなりました。自己中心性がなくなったとはいいませんが、いろいろなこだわりが減ってきたことは確かです。若い世代は新しいことにチャレンジし続けるべきで、老年的超越を高めていくのはまだ早いといえますが、変化は自然と起こるようです。

実年齢よりも自分は若い？

対人関係についても見ていきましょう。
「社会との関係」では、過去の社会的な地位や役割にこだわらなくなり、対人関係でも限られた人との深いつながりを重視するようになります。トルンスタムは、これを「社会規範に基づく価値観からの脱却」と説明しています。

　管理職経験のある男性が定年退職して社会活動を始める時、これまでの仕事の習慣で、強引にリーダーシップを取ったり同じ立場の仲間に対して命令口調で話してしまったりしてうまくいかないという話を聞くことがあります。この例のように、慣れ親しんだ行動を変えるのは難しいものです。

「主観的年齢の研究」というものがあります。主観的年齢とは自分を何歳だと思っているかを聞いたもので、実際の年齢（暦年齢）が客観的なものであるのに対して、主観的な年齢の評価といえます。百寿者の世界を想像すると、若い時の客観的な現実世界から徐々に想像というか主観的に自分自身が考える世界に移っていくように感じます。主観的年齢が暦年齢と乖離《かいり》しはじめることは、想像の世界への入り口かもしれません。

　その研究では、非常に興味深い結果が報告されています。20歳くらいでは主観的年齢と実際の年齢は同じなのですが、年齢が高くなればなるほど主観的年齢が暦年齢と比べて若くなっていくのです。

たとえば私は58歳ですが、米国のデータではこの年齢の人たちの主観的年齢は42歳くらいと出ています。実際、私自身が感じている主観的年齢も同じぐらいです。58歳と42歳、この年齢差は何を意味しているのでしょうか。

答えは複数ありますが、最も重要な点は「自分はまだまだいける」と思っていることです。目が見えにくくなり、使っているPCのディスプレイを大きくしなくてはなりません。昔ほど長時間働くことも難しくなってきました。最近気がついたのですが、椅子から立ち上がる時には「よっこいしょ」というようになっているのです。それでも私は主観的にはまだまだいけると思っているのですね（もちろん周囲から客観的に評価されたらどういわれるかわかりませんが）。

退職後に社会とうまくいかない人たちの問題は、客観的な状況と主観的な状況の不一致によって生じているといえます。ただし、そのほうが若さを保つという側面ではよい方向に働くといえるでしょう。

過去の役割や関係性から自由になれるか

若いうちは新しい人間関係が増えます。これは、長い人生を考えれば合理的な行動ともいえます。知り合いが多いほどピンチを救ってもらえる可能性が増えるからです。加齢に伴い、人間関係の幅は小さくなります。定年退職や引退も大きな契機になり、それまでの社会的役割も変わります。仕事だけでなく、家族の中でも中心的な役割を若い人に譲るということが生じます。

そういった状態をうまく受け入れていくことが、社会的な側面による変化への対応になります。前項で定年退職した男性の話をしましたが、私が高齢者を対象に老年的超越の話をすると、男性の高齢者には受けが悪いという印象です。現代の高齢男性たちは、社会においても家族においても古典的な役割意識を持ってきた人が多いのでしょう。

さまざまな人間関係のトラブルがあって、そのことを生涯引きずる人もいます。ある90歳の男性は、戦後、地主の地位を失ったことにこだわりがありました。また、戦後のドサクサで大学に行けなかったことにもこだわっていました。とても明るい人で精神的な健康度は高かったのですが、人生満足度がとても低かったのです。一方で、「過去に嫌なことはあったけれど、なんとなくもうどうでもよくなった」と語る85歳の女性もいました。１００歳になると社会的な役割や関係性は大きく変わります。そのようなこだわりから自由になるところに超越が存在するのでしょう。

最近、主観的年齢について日米で比較する調査を行いました。主観的年齢が実際の年齢よりも低いという結果は両国とも一貫していますが、日本の場合、その差は米国に比べて控えめでした。日本人のほうが年相応という考えが強いのかもしれません。

先述のように、トルンスタムは老年的超越の理論を発展させる際、禅仏教やユング心理学の考えを参考にしています。そうしたこともあり、西欧人よりも日本人を含めた東洋人のほうが現実の世界から離れ、隠遁していくといった「老年的超越」をイメージしやすいかもしれません。トルンスタムの考えは、『老年的超越——歳を重ねる幸福感の世界』（晃洋書房、２０１７年）で読むことができます。

エリクソンの発達理論と「老年的超越」

理屈っぽい話が続きますが、エリク・H・エリクソンという心理学者がいます。ドイツ生まれのアメリカ人で、「アイデンティティー」（自己同一性）という概念を提唱したことで知られています。

エリクソンは、人間の成長と社会的な要請との相互作用の中で人格の成長がなされるとする「心理社会的発達理論」を提唱しました。生涯を8段階に分け、各段階での重要な課題を解決、克服することで人格が発達し、次の段階に進むというものです。心理学だけでなくさまざまなところで紹介されているので、ご存じの方も多いかもしれません。

8つの段階は、①乳児期（生後から18カ月＝おおよその時期、以下同）、②幼児前期（18カ月～3歳）、③幼児後期（3歳～5歳）、④学童期（5歳～12歳）、⑤青年期（12歳～20歳）、⑥成人期（20歳～39歳）、⑦壮年期（40歳～64歳）、⑧老年期（65歳～）。そして、それぞれの段階に対応した心理的課題と危機、主な関係性、関連する精神病理などが挙げられています。

たとえば、青年期の心理的課題と危機は「同一性VS同一性混乱」とされます。青年期は自分自身が何者であるのかという芯をつくる時期で、仲間などロールモデルとなる人との関係が重要になります。それがうまくいかなかった場合は、その後の人生に何らかの問題が生じると考えます。

発達課題とは、生涯にわたり取り組むことがよい人生を送るために重要だとされる課題です。老年期の課題とされるのは「自我の統合VS絶望」です。生涯を振り返り自分が何者であるかを結論づける時期であり、うまく達成できると充実した死を迎え、うまくいかない場合は人生に満足できないとされます。

エリクソンがこれらの8つの段階を考えたのは中年期の頃で、高齢化率も今ほど高くなかった時期です。「人生100年時代」を考えると、8段階目である老年期として65歳以上をひとくくりにするのは無理があるでしょう。8段階のモデルの提唱に重要な役割を果たした共同研究者であり妻であるジョウン・エリクソンは94歳で1997年に亡くなりましたが、長い人生において8段階から構成する理論は十分ではなく、その先に第9段階があると著書に記しています。8段階で人生を完成させ終末を迎えるのではなく、その先に、自立できず人に頼ることをポジティブに受け入れる段階――第9段階が存在することに気がついたそうです。

今の日本では80歳以降がこの段階に当たるかもしれません。身体機能、健康状態の悪化、家族や同年代の友人の死などにより、これまでにはない大きな心理的危機が起こる可能性が高くなります。

第9段階の課題に関してエリクソンは明確に規定していませんが、「老年的超越」がそれに相当する可能性を指摘しています。このように時代の推移に伴ってエリクソンの理論も拡張しなければなりませんし、超高齢期の課題として老年的超越を関連づけることも今後のテーマのひとつとなっています。

身体機能が低くても幸せな理由

ここで少し、私が老年的超越に興味を持つようになった背景について説明しましょう。百寿者の調査に関わる中でひとつ気にかかることがありました。それは、百寿者を訪問してもお話ができない人が多かったことです。もちろん家族や施設職員さんからの話も参考になりますが、やはりご自分の言葉で語られることは、よりインパクトがあります。そこで私たちは、少し年齢の低い人たちを対象とした研究を進めることにしました。それが「板橋超高齢者」と呼んでいる調査です。

この調査は東京都板橋区で大きく3回にわたって行った、85歳以上の人を対象とした訪問調査でした。主な目的は、100歳手前の超高齢者の方々がどのような状態で生活されているのか、さらにその人たちの身体機能と幸福感の関係を明らかにすることでした。

それぞれを縦軸と横軸にしたのが図です（図14）。これを見ると「身体機能が高く

図14　身体機能と幸福感の関係

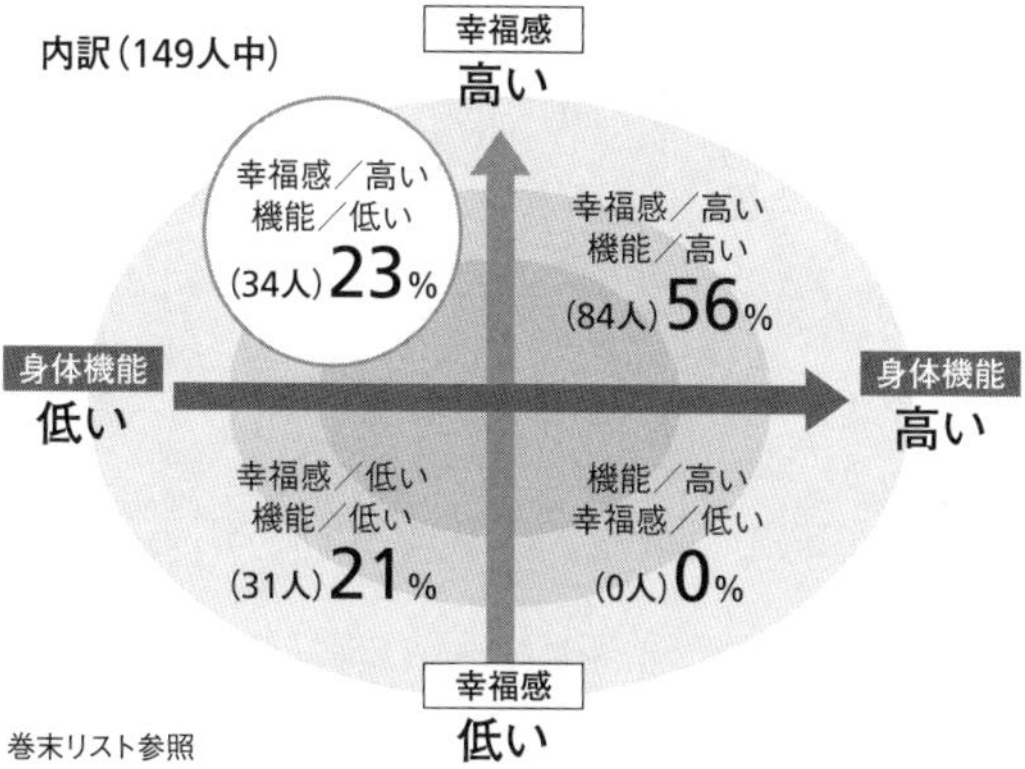

出典：巻末リスト参照

て幸福感が高い人」は56%います。これは想像できることです。「身体機能が低くて幸福感が低い」は21%。身体機能の高低と幸福感のそれが連動するのは理解できることですから、これも想像の範囲内でした。けれどもその中に、「身体機能が低いけれども幸福感が高い」という人が23%ほど存在していたのです。

私たちは、身体機能が低いのに幸福感の高い人は、幸福感の低い人に比べて老年的超越が高まっているのではないかと考えました。この調査では、共同研究者の東京都健康長寿医療センター研究所の増井幸恵《ゆきえ》研究員を中心に、トルンスタムの枠組みに超高齢者の特性を取り入れ、日本人を対象に発展させた「日本版老年的超越尺度」（JGS）を使いました。利用した内容（下位尺度）は、「『ありがたさ』・『おかげ』の認識」から「無為自然」まで8側面にわたっています（表3）。

老年的超越のすべての側面での違いは認められませんでしたが、両者を比較すると、「内向性（＝ひとりでいるのも悪くない）」ということに「はい」と答える、「社会的自己からの脱却（＝つい見栄を張ってしまう）」ということが「ない」と答える（これは反転なので、見栄を張ることがなくなった）、さらに「無為自然（＝良いことも悪いことも考えなくなった）」に「はい」と答える、体の機能が低下していても幸福感が高い人はこのような回答の傾向がありました（図15）。つまり、老年的超越が高くなるということは身体機能の低下にうまく適応できるような「変化」であると考えられたのです。

「SONIC研究」で明らかになった超高齢者の幸福感

第1章で述べたように、私は現在、2010年に始めた「SONIC研究」に取り組んでいます。これは70歳、80歳、90歳、100歳の調査を並行して継続的に行うも

表3　日本版老年的超越質問紙の下位尺度と内容

下位尺度名	内 容
「ありがたさ」・「おかげ」の認識	自己の存在が他者により支えられていることを認識することにより、他者への感謝の念が強まる。
内 向 性	ひとりでいることのよい面を認識する。ひとりでいても孤独感を感じない。外側の世界からの刺激がなくとも肯定的態度でいられる。
二元論からの脱却	善悪、正誤、生死、現在過去という概念の対立の無効性や対立の解消を認識する。
宗教的もしくは スピリチュアルな態度	神仏の存在や死後の世界、生かされている感じなど、宗教的またはスピリチュアルな内容を認識する。
社会的自己からの脱却	見栄や自己主張、自己のこだわりの維持など、社会に向けての自己主張が低下する。
基本的で生得的な肯定感	自己に対する肯定的な評価やポジティブな感情を持つ。また、生得的な欲求を肯定する。
利 他 性	自己中心的から他者を重んじる傾向への変化が生じる。
無為自然	「考えない」「気にならない」「無理しない」といったあるがままの状態を受け入れるようになる。

出典：増井、中川、権藤ら（『老年社会科学』2013）

のです。コロナウイルスが流行している時期は調査ができませんでしたが、感染予防の完全防護体制を取りながら今も調査を継続しています。

「SONIC研究」の参加者は、70歳前後がほぼ1200人（うち男性48％）、80歳前後がほぼ1200人（同47％）、90歳前後が900人弱（同49％）です。この人たちを3年ごとに調査し、年齢を重ねることでどのように変わっていくかを把握することを目的としています。

この調査で、第1回調査参加者の身体機能、認知機能、疾患の有無について年齢ごとに調べました。70歳、80歳、90歳で比べると、70歳から80歳はすべての機能が若干の低下にとどまっているが、80歳から90歳になると大きく低下するという傾向が出ています。これは男女とも同じです。

ところが、精神的健康に関する質問と主観的健康観（「自分は健康だと思いますか」という質問に対する答え）では、70歳、80歳、90歳で比べるとほぼ変わらず、90歳になると若干上がっていました。

さらに「老年的超越」という変化を測定する調査用紙での結果では、70歳よりも80歳、80歳よりも90歳が高くなっています。

図15　老年的超越と幸福感の関係

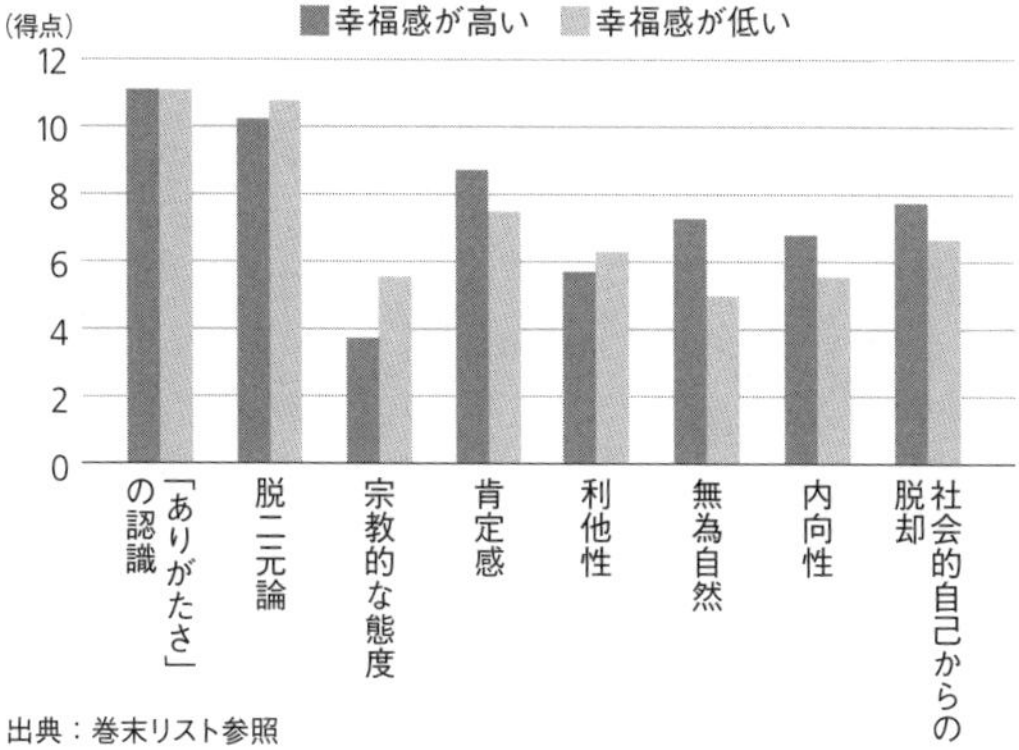

出典：巻末リスト参照

この3つのデータを重ねると、70歳、80歳、90歳で身体機能・認知機能は低下するが、精神的健康・主観的健康は若干上昇し、「老年的超越」は大きく上昇することがわかります（図16）。つまり、年を取ってもまだまだ変わるところがある、考え方が変わることで、体の機能が低下しても精神的健康は維持できる、精神的な幸福は上昇させることができるのではないかということを私は考えています。

もちろん「老年的超越」が高くなる人とそうでない人がいて、関連する要因を挙げてみると、介護する側の経験を持っている人のほうが高くなりやすいということがわかりました。高齢者の介護を通じて、年を取るとできないことが増えるというようなことを体験的に知っていると、超越的な考え方が高まるのだろうと私は考えています。

「自分のこと」から「世界のこと」へ

ある女性の3つの書初《かきぞ》めがあります。93歳の時は「人生健康第一」、104歳の時には「一日一善」、そして105歳の時には「願（う）世界平和」と書いています（157ページ写真）。

10年以上前に調査に参加された女性で、ご家族と一緒に生活していましたが、100歳になっても自分で洗濯物を爪先立ちになって干すことができるほど元気な方でした。その後体調を少し崩され、転倒もあって歩きにくくなりましたが、リハビリを家の中で続けて元気になりました。105歳で立派な字を書き、そこからもしっかりとした様子が伝わってきます。

この書初めから見えてくるのは、彼女が大切にしていたものが、自分自身の健康への関心からまわりにいる人たちへ、そして世界のことに変わっていった様子です。

図16　身体機能と精神的健康の乖離

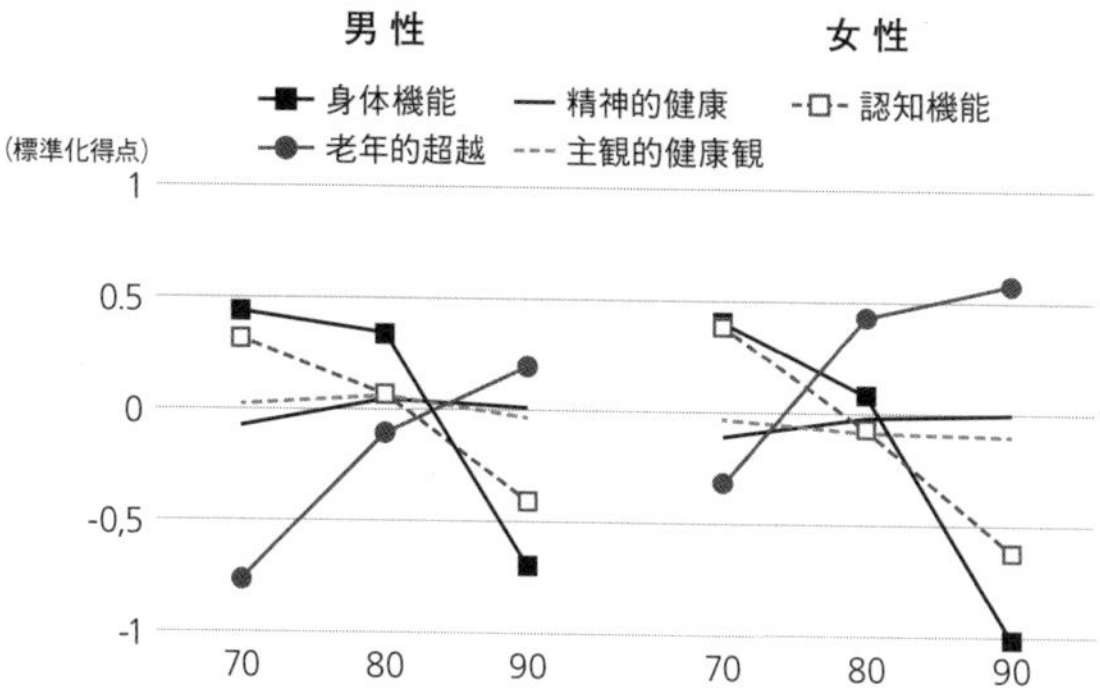

著者作成(2019年)

あまりにもできすぎな例なので、私自身これは誰かがお題を出して、それに従って書いたのかもしれないと疑いました。ところがSONIC調査の参加者がこの女性の友達だったということがわかり、書初めについて尋ねてみたところ、「この人は書初めをした次の日から図書館に行き、来年何を書こうかを調べていたよ」と教えてくれたのです。そこで、これは本当に自分で考えて書いたものだということが確認できました。100歳を超えてもなお、人間の考え方が変わっていくことがあるのだと改めて感心します。

エリクソンが第9段階を考察する際に

指摘した重要な点は、第9段階ではこれまでの発達段階を「再び経験する」ということでした。第1段階は基本的信頼で、ここでは自分や他者を信頼できることを獲得します。この女性の場合、ご家族との関係が非常によく、家族はまた必要な援助はするけれども不必要な手助けはしないという考えで接していました。実際に、インタビューでは家族がいるから安心して生活できると話されていました。人生の最晩期を信頼できる人に囲まれて安寧に生活できているという状況が、100歳をまたいで、老年的超越の発達に重要な要素として働いています。

年を取るとどうしても身体機能や認知機能が低下して健康状態は落ちてきます。しかし、だからといって、機能が低下していることが不幸せに直結するということではありません。多くの例で示したように、精神的な健康を保ち、「老年的超越」を高めて幸福度を高くすることは可能なのです。

「自分が安心できる場所で、あるがままを受け入れて生きる」――これが幸福につながるのだと私は考えています。

調査参加者の書初め

第5章

幸せな100歳を迎えるために

ピンピンコロリにこだわらない

これまでの章で、100歳の人がどのような生活をして、どのような心理状態になるかを見てきました。8割は自立していない状態ですが、必ずしも不幸だとは感じていないことがわかりました。

では私たちは「人生100年時代」あるいは「人生110年時代」をどのように生きればよいでしょうか。

現代の日本は超寿命を達成することが可能な社会で、今後さらに超寿命化は進みます。自立した状態で100歳を迎える人は今は2割ですが、今後環境が変わることで4割ぐらいにまで拡大できるかもしれないと思います。でもそうなっても残りの6割は他者の助けが必要な状態で100歳を迎えることになります。

このような状況を踏まえて私たちにできることは何でしょうか。私はピンピンコロリ一辺倒の一本足打法ではない、二本足打法を心がけるのがよいのではないかと思っています。個人の努力でピンピンを目指す戦略と、それがうまくいかなかった場合のことを想定した別の生き方の準備です。

ピンピンコロリを目指すためにはすでに多くの研究があり、それらの文献にあたってもらいたいのですが、百寿者研究の結果から少し紹介しましょう。

飲酒と喫煙の影響

お酒に関しては、よい効果があるとする研究と悪い効果があるとする研究に分かれるなど諸説ありますが、東京百寿者研究（２０００〜２００３年調査）の結果は興味深いものでした。細かい年齢までは確かめられませんが、この研究では参加者に「過去の飲酒」「喫煙習慣の有無」を尋ねています。

比較対象として、１９７６年に東京都老人総合研究所が小金井市で同世代を対象に実施した調査の飲酒喫煙率と比べたところ、飲酒に関しては、男女とも小金井市の結果とほぼ同じ割合でしたが、喫煙に関しては割合に違いが見られました。１９７６年には男性約８割、女性の約３割に喫煙経験がありましたが、百寿者は男性約４割、女性約１割といずれも喫煙者の割合が半分以下だったのです。

さらに、百寿者の過去の飲酒と喫煙経験と自立の関係を分析すると、喫煙経験がある人はない人に比べて自立度が低かったのです。つまり、たばこを吸っていても長生きはできるかもしれませんが、健康に長生きできない可能性が高くなるのです。

この結果を見て、お酒はいいのかと思い、私はお酒肯定派になりました。ただ、少量のお酒肯定派でいればよかったのですが、大肯定派になってしまい反省していま す。この原稿を書いている今、私は必死で減酒とダイエットに取り組んでいます。10年前に1年断酒したことがありますが、その時の体調はすこぶるよかったです。今となると、自分自身で分析したこの結果を少しばかり恨んでいます。自己修練は難しいものです。

「誠実性」が長寿の秘訣？

なかなか難しいものですが、私たちの研究では自己修練のできやすい人が長寿であるという結果が出ています。人の性格傾向の調べ方はいろいろありますが、最近は「ビッグ5」という、人間の性格を開放性、誠実性、外向性、協調性、神経症的傾向（情緒安定性）の5つの側面からとらえる方法が最もよく使われます。

その中で、自己修練と関連するのは「誠実性」と呼ばれる側面です。百寿者の人たちの性格を調べたら、この誠実性が高いことがわかりました。誠実性の高さは、責任感の高さや勤勉さを意味します。簡単にいえば、責任を持って物事をきっちり計画的にこなせるかどうか、まさに自己修練ができるかどうかを測る側面です。

そのような性格傾向が長生きと関連するという結果は、私たちが行った別の研究でも示されていますし、世界的にも多くの研究で支持されています。誠実性の高い人は、健康にとって害になるようなことをしませんし、健康的な行動を自然と維持できます。自然とそのようにできる人は、結果として長寿になるのです。

問題なのは私も含めて、こうしたらよいとわかっていてもそうできない人が多いということです。そのことに関しては、後で紹介するブルーゾーンの特徴と交えて考えてみましょう。

「社会的なサポート」を積極的に受ける

二本足打法の一本目は、自分自身の行動に関わる自分の内面についてでした。百寿者を見ていると、一本足を続けることが難しいのはわかります。その時に必要になるのは、やはり外からの支援、外からのサポートです。

私たちは年を取ることを個人の営みと考えがちですが、実際は夫婦、パートナー、家族、地域の仲間と一緒に年を取ります。「世話になることは嫌だ」というけれど、そしてこれは日本人が一番嫌がることだけれども、幸せに生活している100歳の方たちを見ていると、周囲からの世話になることを受け入れることが大事だと強く感じます。そのためには、社会的なサポートが充実していて、それとともに生き、そのことに負い目を感じない「老年的超越」が、幸福に長寿を迎えるための鍵ではないかと考えます。

腕相撲がとても強い100歳の男性がいました。非常に活発で明るい方で、調査に行った時には手品を披露してくれました。腕相撲の勝負では、なんと調査に同行していた若い医師にあっさり勝ってしまったのです。その頃はまだ私も100歳のことをよく知らなかったので本当に驚きました。ところがその後体調を崩されて病院に入り、病室では大変落胆され、慰めようがなかったと聞いています。

若い人でも病気をしたら落ち込むでしょう。100歳で元気はつらつとしていたらその落ち込み方は想像できないくらい大きいでしょう。100歳の訪問の時にはお元気で片足立ちで靴下をはいていた人が、105歳の時に訪問したらベッド上で寝たきりの生活を送っていたこともあります。ひとりで生活してピンピンコロリを達成しようとするのは本当に大変です。

もちろん、単純に他者からのサポートを100%受け入れてしまえばいいというわけではありません。「自分でできること」と「助けを受けること」のバランスをうまくとることが大切です。元気に人生の最後まで過ごし、いわゆるピンピンコロリで亡くなる方もおられます。それを目指すことは大事ですが、多くの人はそうなりません。その時にどのような生き方があるのか知っていることは決して悪いことではありません。

ひとり暮らしの100歳たち

私が携わっているSONIC研究では、2012年に90歳の人に参加してもらい、その後も3年ごとの調査に参加してもらっています。残念ながら多くの方が亡くなりましたが、100歳以上になられた方も少なからずおられます。

2020年の調査の時のことです。100歳時の調査で長い時間がかかったため、「帰りはタクシーを用意しますから、乗って帰ってください」とお願いしました。すると「私は公共交通機関が好きです。今日もバスと電車でここまで来ました。だからこれから電車に乗ってバスに乗って、家に帰ります」というのです。「いや、でも疲れていると思うので、車に乗って帰っていただけませんか」と再度タクシーの利用をお願いしたら、「結構です。歩けなくなったら終わりでしょう」、こういわれました。このようにお元気な人もいるのですね。この人はひとりで暮らしていて家事なども自分でしていました。でも時々は息子さんが様子を見に来ていたそうです。

東京百寿者研究の参加者の中には他にもひとり暮らしの人がいました。中でも毎朝ラジオ体操に参加するような、すこぶるお元気な男性がいました。どのように生活しているのか気になって尋ねると、週1回娘さんが作った食料を持ってきて冷蔵庫に入れていってくれるからそれを食べているとのことでした。家事が苦手でもそのような周囲の助けで生活を送っているのだと納得したものです。

ピンピン生活とフニャフニャスルリ

また、別の女性で101歳の参加者は、調査終了後に記念写真の撮影をお願いすると、LINEアドレスの交換を求められました。その人とは現在もLINEでやりとりをしています。

高齢者施設で生活していますが、面白いエピソードを紹介しましょう。彼女は夜中に起きていることが多く、よく私が寝ている真夜中にLINEが届きます。時には「カップめんを食べた」「そうめんを食べた」というメッセージが届くことがあります。このようなシーンは私はまったく想像したことがなく、びっくりしました。LINEで私が担当している老年学の教室の写真を送ると、「最近の学生さんは服装が自由でいいですね。私の兄は詰襟を着て大学に通っていました」とご返事がありました。まさにタイムマシンです。

彼女はひとりで買い物に行ったり病院に行ったりした時の写真や、春には満開の桜の写真を送ってくれます。本当にお元気な様子がうかがえます。この人とのやりとりは私自身、本当に勉強になります。

ある日お寿司屋さんに行った時の様子を伝えてくれました。本当に美味しそうな、お寿司が並んだ写真を送ってくれました。その中に板前さんから手渡しでお寿司を受け取っている写真がありました。一連の写真の最後には、「お寿司はスプーンでいただいています」とメッセージが添えられていました。私がどうしてかと聞くと、95歳の時に中学生にぶつかられて転倒し、背中を打ちつけてから手がしびれてうまく箸が持てなくなったそうです。それからスプーンとフォークが必需品になったとのことでした。「うどんはお箸で食べたい！」という気持ちもあるそうです。でもそうせずに、食事の時はうまく状況に対応しているのです。

私は、彼女が元気で活動的であることばかりに注目していました。しかし、実際はいろいろと不自由が増えていく中で、不快な感情とうまく向き合っているのです。

もうひとつ彼女とのエピソードを紹介しましょう。この原稿を書いている時に、彼女のことを本に紹介する許可をもらおうと連絡しました。彼女からの回答は「人の役に立つのであれば、なんでも使ってください」というものでした。そして、「おもらしのことも使ってください」と加えられていました。

この件は紹介するつもりはなかったのですが、これまでのやりとりの中で、おもらしについて話されることがありました。気がつかずに出ていることがあるので、現在おしめをつけて生活している、とのことでした。箸のこともそうですが、ピンピンコロリに見えるようで、実は予想していなかった100歳生活の問題に上手に向き合っているのです。問題に正面から対決するのではなく、スルリとすり抜けているようです。

先に紹介した105歳になって訪問したら寝たきりだった、という人もそうでした。

ベッド上での生活でしたが、落ち込んでいる様子はありませんでした。ふとベッドを見ると真ん中のあたりに太めのひもが張ってあり、不思議に思って「それは何ですか」と尋ねると、「ここにひもを張っていたら、体を起こす時に腕で引っ張って起きやすくなるから」と答えました。寝たきりの状態でも前向きな態度でいることに驚きましたが、そのような人もいるのです。

これらのことから私は、「ピンピンコロリ」ではなく「フニャフニャスルリ」を目指すことが長寿社会の目標になるのではないかと考えました。若い時はピンピンコロリを目指して頑張る、それが難しくなったらフニャフニャスルリへと乗り越える。このようなふたつの目標を同時に持つことが大事なのではないでしょうか。

世界の長寿地域「ブルーゾーン」の光と闇

フニャフニャスルリを目指す生き方の参考になるのが、ブルーゾーンです。ブルーゾーンは長寿者が多く存在する地域を指しますが、私はブルーゾーンをピンピンコロリではなくフニャフニャスルリの地域だと考えています。

ちなみに、この言葉を広めたのは『ナショナル ジオグラフィック』の取材で世界の長寿地域を回った作家で探検家のダン・ビュイトナーさんですが、言葉をつくったのはベルギーの人口学研究者のミッシェル・プラン博士です。サルデーニャ島での調査時、島の中の長寿者が多い地域をペンで囲んだそうですが、その時に彼が使ったペンの色が青だったのでブルーゾーンと名づけたとのこと。プランさんはお会いするたびに、このエピソードを繰り返し話します。

そもそもプラン博士の研究は、現地の医師ジャンニ・ペスが1999年の国際会議でイタリア・サルデーニャ島に百寿者が異常に多い地域があると発表したことに端を発します。多くの学者は懐疑的でしたが、人口学者であったプラン博士が関心を示し、現地で戸籍やインタビューなどの調査を行い、このことが事実であることを確認したのです。

ちょうどその頃ダン・ビュイトナーさんが世界各地の長寿地域を調べて『ナショナル ジオグラフィック』に連載、後に『ブルーゾーン――世界の100歳人に学ぶ健康と長寿9つのルール』（祥伝社、2022年）としてまとめました。最近は、Netflixでそのドキュメンタリーが公開され、再び世界的に注目されています。

ブルーゾーン現象に関しては、研究者は冷静な目で見ています。ビュイトナーさんは、イタリア・サルデーニャ島をはじめ、日本・沖縄、アメリカ・ロマリンダ（カリフォルニア州のセブンスデー・アドベンチストの町）、コスタリカ・ニコジャ半島、ギリシャ・イカリア島の5カ所を「ブルーゾーン」としています。しかしプラン博士は、ロマリンダは人工的に造られた地域だからブルーゾーンではないとし、最近、カリブ海に浮かぶフランス領のマルティニークをリストに加えました。

また、長寿の要因に関してもふたりは若干異なった見解を持っています。表4にそれぞれの提案をまとめました。

プラン博士は研究者からの視線で観察の結果を記述したもの、ビュイトナーさんの提案はそれらを応用し、現代社会に生活する人に向けた行動の指針といえます。ビュイトナーさんのメッセージは少し即物的に見えるでしょう。研究者たちは、そこが問題だと考えています。

たとえば、サルデーニャ島の中のブルーゾーンは、山の上に位置します。イタリアの中でもアフリカ大陸に近く、侵略の被害を受けにくい高地に住むようになったと聞きました。また気温が高いところなので、マラリアなどの熱帯性の感染症を避ける意味でも高地が有利だったようです。畑も日本でいう段々畑のようになっていて、かなり移動しなければなりませんし、ヤギを育てるのに山岳地帯を巡回しなければなりません。

その結果、プラン博士がいうような「自然に動く」環境になっています。これを都会暮らしの人に置き換えたら、ビュイトナーさんのいう「適度な運動を続ける」になります。

ブルーゾーンは、そこに住んでいる人たちが意識しないような長寿によい環境が備わっている地域といえます。先に「誠実性」について言及しましたが、ブルーゾーンは、性格傾向がどうであれ、健康や長寿に影響する行動をとらざるを得ない環境が揃っている地域といえるでしょう。

ブルーゾーンには闇の側面もあります。「Blue Zone」が商標登録されて、一部で商売の道具になっているそうです。コンセプトは重要ですが、お金儲けに利用するとなると行き過ぎではないかと思います。たとえば、食と長寿は昔から注目され、テレビで健康によいという食べ物が紹介されるとスーパーで即売り切れになることが話題になりました。最近の研究では、何か特定の食材を食べればよいという考えを改め、多様な食品を食べることの重要性が知られるようになりました。今後、Blue Zone 印の

表4　長寿の要因比較

	ビュイトナー	プラン
1	適度な運動を続ける	自然に動く
2	腹八分で摂取カロリーを抑える	賢く食べる
3	植物性食品を食べる	
4	適度に赤ワインを飲む	
5	はっきりした目的意識を持つ	生きがいをもつ
6	人生をスローダウンする	ストレスを避け十分に寝る
7	信仰心を持つ	地球を尊ぶ
8	家族を最優先にする	強い家族の絆
9	人とつながる	強い地域のサポート

著者作成

商品が販売されるようになるかもしれませんが、私たちは賢く食べようではありませんか。

ブルーゾーンの科学的な研究はまだ始まったばかりだといえます。私がブルーゾーンから見習わなければならないのは、ピンピンコロリではなく、フニャフニャスルリに関する側面だと思っています。これに関しては後述します。

日本のブルーゾーン沖縄

さて、ブルーゾーンとして最も古くから世界的に知られていたのは沖縄です。沖縄では、日本の百寿者研究の父といえる鈴木信先生が、1970年代から百寿者の調査をされています。英語で出版された長寿の秘密に関する本『The Okinawa Program』は世界的なベストセラーになり、その一部は『オキナワ式食生活革命』(ブラッドリー・ウィルコックス、クレイグ・ウィルコックスとの共著、2004年、飛鳥新社)として出版されています。

この本に関しては、私は多少恨みがあります。本が発売された翌年、私が初めて東京の百寿者研究を米国老年学会のシンポジウムで発表した時のことです。それは私にとって初めての英語での口頭発表だったので、質問されたらどのように答えようかとかなりの緊張の中で発表を行いました。しかし発表後、質疑応答で聞かれたことは「沖縄の100歳は肉を食べるのか」でした。ベストセラー本の威力はすごいと驚くとともに、私の発表はなんだったのかと落胆し、沖縄のブランド力に勝てないと思いました。

沖縄は昔から長寿の地域として知られていて、多くの研究発表があります。しかし、現在の沖縄の様子は少し違ってきています。鈴木先生が調査を始めた頃は、元気な100歳がほとんどだったのですが、年々元気な人の割合が減っているようです。また、1995年には男性が、2010年には女性が都道府県別の平均寿命で首位から転落し、これは「沖縄クライシス」といわれました。

沖縄の長寿の要因として占領下の米国が行った調査では、沖縄の栄養摂取は本土に比べて低かったことが指摘されています。カロリー制限は健康状態改善のためによいとされますが、自分自身で続けるのは難しく、沖縄の場合は自然とそのような環境が生じていたといえます。沖縄といえばソーキ（豚の骨付きあばら肉）が有名ですが、現地で話を聞くと、昔は豚肉をお祝い事がある時くらいしか食べられなかったといいます。

戦争が終わって米国の占領下で食生活が大きく変わりました。栄養学者によれば、日本全体として戦後にたんぱく質の摂取が増えて血管が丈夫になったことが長寿に寄与したといいます。沖縄は戦後しばらくはカロリー制限と栄養摂取のバランスがよかったのだと思いますが、過度に欧米化が進んだことが「沖縄クライシス」を生んだと多くの研究者が考えています。

先に述べた性格傾向は個人のレベルで長寿に影響しますが、環境としてのブルーゾーンは住民全体の平均的な長寿に影響します。そういった観点から考えると、誠実性が高くないと感じている方はブルーゾーンに移り住み、高いと感じている方はブルーゾーンの生活を自分の中に取り入れるのが長寿の秘訣になるでしょう。

百寿者が老いや死への理解を促す

私の友人のダニエラ・ジョップ博士が「ブルーゾーン」のひとつ、サルデーニャ島で見た百寿者の姿は興味深いものです。ひとり暮らしをしている自立度の低い女性なのですが、まったく困らずに生活していたそうです。なぜなら、家族や親戚、近所の人など彼女の周囲の人たちが、時間割を組んで入れ代わり立ち代わりお世話をしに来るからだそうです。先に紹介した沖縄の離島でお会いした認知症の女性も同じような状況でした。

この事例は、百寿者がそのような環境で生活し続けることだけでなく、老いや死について教える生きた教材になれること、そして周囲の人たちが自分自身の老いや死に対する理解を深められるということからもうらやましいものだと思います。

最近は、日本のこのようなコミュニティーは少なくなったと思います。介護は、家族の手からプロの手に移るようになりました。日本では、病院で死ぬことが増え、死が非日常になって久しいといわれますが、老いも同じように非日常になっていくように感じます。

もちろん家族の負担を減らすという意味では非常に大事な変化なのですが、一方で老いや死を目にし、学ぶ機会が減少しているように感じます。サルデーニャ島の人たちは仕方がなくそのようなやり方を取っているのだと思いますが、同時に老いと死が自然なものという考え方を期せずして身につけ、当たり前のこととして続けているのかもしれません。

「ブルーゾーン」というと、食べているものとか、リラックスできる環境とか、都会に生きている人がうらやましいと思う即物的なことだけに注目しがちです。それらも重要な要素としつつ、老いや死とともに日常生活を送り、よい側面も悪い側面も経験しながら自分の中に取り込む。そして老いていき、死を迎えるという自然のサイクルで生きていけることが、ブルーゾーンの素晴らしい点なのでしょう。ピンピンコロリとフニャフニャスルリがうまく融合した時に、その地域はブルーゾーンになるのではないでしょうか。

「老害」という言葉の罠

第1章で触れたように、加齢や高齢期に対してネガティブな考え、つまり年を取ることに後ろ向きなイメージを持っている高齢者は、そうでない人に比べて病気になりやすく、認知機能が低下しやすいという説があります。社会が高齢者に対して否定的な考えを持っていると、その考え方が無意識のうちに個人に浸透して、不幸な高齢者になるのではないかということです。これを「ステレオタイプの内在化仮説」と呼んでいます。

今、世界的に、国籍や人種、ジェンダーや年齢、病気や障害の有無にかかわらず、個人の権利と多様性が尊重される社会が求められています。当然、日本での高齢者に対するエイジズム（年齢差別）もなくなっていかなければなりません。

それについて私は「老害」という言葉が気になっています。高齢の政治家が何かをやったり発言したりすると、しばしばこの言葉で批判されることが多いですね。政治家としての行動や発言は社会的に影響が大きいので、批判が必要なこともあるでしょう。

しかし「老害」という言葉は「老いることは害をなすことだ」という、ネガティブなイメージをすべての世代に印象づけることになります。高齢者、超高齢者を傷つける言葉なのです。今は認知症という言葉に替わりましたが、かつては老人性痴呆という言葉が使われていました。これも高齢者を傷つけないために必要なことです。

私は多くの１００歳以上の人と会い、超高齢者というくくりではとらえられない多様性を知りました。何気なく使っている言葉が高齢者に対して（それは、いつか高齢者になる自分自身に対してでもあります）、ネガティブな印象を与えている可能性があるのかどうか、考えてみることは必要でしょう。老いをポジティブに受け止めることが幸せな加齢につながっていくのですから。

頼って生きていいのだ、という安心感

本書では、100歳は幸せか、幸せな100歳になるにはどうしたらよいかを考えてきました。

できる限り健康寿命を延ばし、それができなくなった時には他人の力を借りて、その状態を受け入れて生きるのが大きな流れです。もう少し具体的にいうと、安心できる人と一緒にいることができるかどうかが、とても重要だと思います。

私は幸せを感じている多くの超高齢者に会いましたが、その人たちは「自分が信頼できる人と一緒に、安心できる場所にいる」ことを感じていました。これは家族・親戚でも、親しい友人でも、また信頼できる介護関係者でもいいのです。その場所は、家でも、施設でも、病院でもかまいません。頼っていいのだと感じた時に人は安定するのです。

「つながり」を感じていると、心は安らかになります。もちろん家族や友人、さらには介護関係の人とのつながりは大きなことです。しかし、亡くなった人とつながって

いると感じることでも心を安らかにすることができます。第4章で世代的なつながりを感じる百寿者の話をしましたが、たしかに現世だけではないつながりがあって、それを感じている高齢者は安定していると思います。

「あったかいから」幸せ――私の祖母の話

ここで、私自身のことをお話ししましょう。私の祖母は100歳達成者（百寿者）でした。残念なことに、祖母は亡くなるまで長年ベッドで寝たきりの生活をしていました。当時、私は東京で仕事をしていたため、たまの帰省時、両親とともに入院先を訪ねるくらいでした。最晩年は認知症を患って新しい話は覚えられなくなっていましたし、いとこたちの名前も思い出せなくなっていました。しかし私と妻の名前はきちんと覚えていて、「やっちゃん、よく来てくれたなあ」と声をかけてくれました。

祖母は大阪・船場《せんば》で足袋《たび》の商いをしていた家の三人姉妹の長女として生まれました。「いとはん」と呼ばれていたそうです。きっとふたりの妹は「なかいとはん」「こいはん」と呼ばれていたことでしょう。いわゆる箱入り娘で、祖父からは祖母は自分で掃除機をかけることができなかったと聞いたことがあります。

祖父は私が東京で働き出した頃に亡くなり、祖母はしばらくひとり暮らしをしていましたが、生活上のことが上手にできず、新築の老人ホームの個室に入ることになりました。ところが新しい環境に慣れることができず、不穏な行動が出るようになったのです。

私はまだ高齢者の研究を始めて間がなかったので、突然環境が変わることで高齢者の不安が高まったり混乱したりすることを知りませんでした。もう少し知識があれば、新しい環境に馴染《なじ》むための方策を取れたかもしれませんが、後の祭りでした。

その後、祖母は病院に移り、相部屋では同室の人ともうまくやっていけたようで、精神的に安定してきました。何年か経った時に足が痛くて歩けなくなりましたが、それは巻き爪が原因で、それ以外は大きな病気にはなっていません。

しばらくは安定していたのですが、最初に書いたように認知症は徐々に進んでいきます。2007年に私が大阪大学で働くようになり、会いに行くと「やっちゃん、どこで働いているの？」と尋ねます。「阪大やで」と答えると、「いいとこで働いてるね」と返してくれました。祖母は大阪の人なので、阪大の名前は覚えていたのです。

ところがしばらくすると、「やっちゃん、どこで働いているの？」とまた聞いてきます。私は同じ会話を20回くらい繰り返しましたが、祖母には何の変化もありません。祖母は20回嬉しい気持ちになってくれたのでしょうか。

帰り際に祖母に「今は幸せか？」と尋ねました。すると「幸せ」と答えてくれました。「なんで？」と聞いたら、祖母は「あったかいから」といったのです。認知症だったり体が自由に動かせなかったりしても、あったかい快適な環境で暮らしていたら幸せなんや、当時はそう思っただけなのですが、まさにこれは祖母にとって究極の安心だったのでしょう。

「長生きは幸せか？」

それ以来、高齢者の幸せについて考える時に、祖母の顔が目に浮かびます。私がこれまで百寿者の研究をする中で問い続けていることは、「どうしたら長生きできるか」ではなくて、「長生きは幸せなのか」ということです。私の現時点での答えは「長生きは幸せだ」です。今でも大学の授業などで、年を取ることは悪くないと学生に教えています。

「現時点」と断ったのは、自分自身が年を取るにつれてある種の迷いが生まれてきているからです。5年くらい前までは、私は高齢者、百寿者の調査をする中で「長生きは幸せである」という確信を持っていましたが、だんだんそうとばかりはいいきれない自分に気がつきました。ここまで読んできた読者の中には、裏切られたような気持ちになる人がいるかもしれません。しかし、年を取るということに対して常にポジティブに考えることが難しいのも事実です。ポジティブとネガティブの両面を感じているのが自然なのです。

最後に私の両親の話をします。私の両親はふたりとも健在ですが、88歳になる父、84歳になる母はいずれもピンピンという状態ではありません。最近、終活をしたいということで、家にある人形の供養をしたり、いらない服を整理したりするのを手伝いました。

さっさと片づけばすっきりするという考えで、私は古い書類などをどんどんとゴミ袋に入れていきました。その様子を見ていた母が、「あなたは、老人の研究しているくせに老人の気持ちがわかっていない」といいました。そして「こんなにどんどん物がなくなっていくとなんだか寂しい気持ちになるのよ」と続けたのです。まさに論語よみの論語知らずであることを指摘されたのです。これまで生きてきた自分と、死を意識し死にゆく自分の間で揺れている母の気持ちが、私はまったくわかっていなかったのですね。

父はあまりそのような感情を見せないのでわかりませんが、近年は「ありがとう」という言葉を口にする機会が増えてきました。増えたというより、全体的に話す量が増えたためにそのように感じるのかもしれません。これが、認知症の兆候なのか老年的超越の発達なのかまだわかりませんが、もう少し付き合ってみようと思います。

人間はポジティブな感情とネガティブな感情、過去と未来の間を揺れ動きながら生きています。若い人も高齢者も百寿者も同じです。揺れ動きつつも、自分でできることを探し、他者に頼ることを受け入れ、いろいろな工夫をしながら幸せに向かうことが大切です。そして、まわりの人がそうなるようにサポートし、その経験を自分の幸せにつなげていく、これが一番の鍵だと思うのです。百寿者はお元気な人からそうでない人まで、そのことを感じさせてくれる存在です。

不思議なことに（ある意味で当然かもしれませんが）、人間は老いることが嫌いなようです。この本を読んで百寿者のことを知ってもらえたら、少しは老いることが好きになってもらえるでしょうか。「それでも地球は動いている」は、地動説を唱えたガリレオの言葉です。「それでも百寿者は幸せです」という私の言葉は将来どう扱われるでしょうか。

おわりに

この本が出版されるにあたって、これまで私に関わってくださった多くの方々に感謝いたします。本当にたくさんの方々の顔が思い浮かびます。

まずはじめに、これまで私が携わってきた調査に協力いただいた方々に感謝します。私は今まで、百寿者の調査だけでなく、板橋で行った地域の中高年の方々の調査、85歳以上の方々の調査、そしてSONIC調査などさまざまな調査に携わってきました。この本で紹介した内容は、それらの調査からの知見のエッセンスを抽出したものです。多くの方が調査にご協力くださったからこそ、完成することができました。

また、直接調査に参加いただいた方だけではなく、調査に同席してくださったご家族、施設の職員のみなさんからも多くの示唆に富んだエピソードを聞かせていただきました。特に百寿者の調査においては、ご本人のお話だけではなく、まわりの方々から伺うお話も百寿者の方を理解するために大いに参考になりました。

すでに本文で紹介したプーン先生と広瀬先生は、私をこのように魅力的な研究の世界に引き入れてくださいました。また、私が百寿者研究を始めた頃、東京都老人総合研究所の上司であった、故下仲順子《しもなかよしこ》先生は私に高齢者研究の領域に踏み込むきっかけを与えてくださっただけでなく、研究のイロハも教えてくださいました。

百寿者の調査で自宅や施設に一緒に調査に行った、慶應義塾大学老年内科の医師や看護学科のメンバー、老人研の同僚たちとの思い出は、今も忘れることができないものです。ひとり暮らしの百寿者のお宅で健康の秘訣だというリンゴ酢をふるまわれた時、コップの内側で揺らぐ水垢を見つけて、無理だという表情を浮かべながら私の目を見た女性メンバーの表情は今でも脳裏に焼きついています。現在に至るまで、国内外の多くの共同研究者の方々に支えられてきました。その数は、私がお会いした百寿者の数よりも多いかもしれません。

また調査をアレンジしてくれたり、データ収集を手伝ってくれたりした大阪大学人間科学部、研究科の学生さんたちにも感謝します。あまりにも多すぎて、ひとりずつ名前を挙げることはありませんが、もしこのあとがきを読んでくれていたなら、それはあなたです。ありがとう。百寿者研究の重要な点のひとつは、学生への教育の効果だと以前論文に書いたことがありますが、その経験がみなさんの今に生かされていればこんなに嬉しいことはありません。

本書を企画してくださった、ポプラ社の浅井四葉さんには大変ご迷惑をおかけしました。執筆にとりかかったのはコロナウイルスの感染拡大前でしたが、一向に手の進まない私を見放さずに最後まで伴走してくださいました。また原稿執筆にあたって、構成や細かな下調べをしてくださった及川道比古さんにも大変お世話になりました。おふたりの存在がなければ本書は日の目を見ることはなかったでしょう。

週末ごとに調査に出かけ、家庭を顧みることができませんでしたが、百寿者調査の重要さを認め、協力してくれた妻にも感謝します。彼女は木村次郎右衛門さんのお宅に伺った際には、車のドライバーをしてくれました。まさに家族経営の研究でしたし、当時の私は100年や110年生きた人たちの現状を知りたいと単純に考えていただけでした。結果として多くの百寿者の方々にお会いできたことで人生の素晴らしさや奥深さを知り、この本も書くことができました。

これまでも、ありがたいことに少なからぬ出版社から本を出版しないかとお声がけをいただくことはありました。しかし、懐古的なことを書くと自分が前を向いて進む姿勢を失うのではないかと思い、お断りしてきました。大学に所属する研究者としてもっと新しい内容の研究をすることが自分の義務だと思っていたからです。

＊

ただ、最近ちょっと気になることがありました。「人生100年時代」という言葉がさまざまなところで使われるようになり、関連した記事を見る機会も増えましたが、それらの多くが、体の健康や病気、お金といった側面にばかり注目しているように感じたのです。

20年前と比べると、現代の高齢者は実にさまざまな機能が向上しています。時代とともに老化のスピードは遅くなり、高齢期の開始は先送りになりました。体の健康に留意すれば、老いの先延ばしはある程度可能です。私自身も還暦（高齢者になるという意味ではなく、60歳を迎えるという意味で）に近づき、いかに老いを先延ばしするかを考えています。

一方、70代の時はあんなに元気だった両親が80代になり、老いと格闘する姿を目の当たりにするようになりました。老いと死は、いずれ訪れます。そのような状況の中で、ピンピンコロリとはいかないけれども、フニャフニャスルリと生きておられる百寿者の方々の姿を多くの人に知ってもらうことが、人生100年時代には必要だろうとぼんやり考えはじめていたのです。

そのようなタイミングで今回お声がけをいただきました。人生の最晩年に関する書籍を、児童書で有名なポプラ社さんから出版できるというのは、天の啓示を感じるというのは言いすぎでしょうか。

*

最後になりますが、百寿者研究は家族経営からスケールアップして継続しています。ただし、百寿者やご家族の方々の協力なくして百寿者研究は成立しません。もし百寿者調査に興味を持っていただけましたら、下記までご一報ください。105歳以上の方には全国どこへでも出張はせ参じます。

百寿総合研究センター　担当　新井康通《やすみち》
〒160-8582　東京都新宿区信濃町35
慶應義塾大学医学部総合医科学研究棟5N6
電話　03-5269-2468（直通）
ファックス　03-6709-9140

2024年6月30日　みなさんの幸福長寿を祈りつつ

権藤恭之

出典リスト

下記に記した以外の図版については、掲載箇所に明記しました。
なお本文中のデータは引用資料の出所・年度等により、異なる数字になることがあります。

P57　図4
Stacy L Andersen, Paola Sebastiani, Daniel A Dworkis, Lori Feldman, Thomas T Perls. Health span approximates life span among many supercentenarians: compression of morbidity at the approximate limit of life span. J Gerontol A Biol Sci Med Sci. 2012 Apr;67(4):395-405. doi: 10.1093/gerona/glr223. Epub 2012 Jan 4.

P59　図5
Yasuhiro Nakanishi, MSc1,2; Yukio Tsugihashi, MD, MPH, MMM2; Manabu Akahane, MD, PhD1; et al. Comparison of Japanese Centenarians' and Noncentenarians' Medical Expenditures in the Last Year of Life. Author Affiliations Article Information. JAMA Netw Open(2021).

P109　図10
Jean-Marie Robine, Siu Lan Karen Cheung, Yasuhiko Saito, Bernard Jeune, Marti G. Parker, François R. Herrmann. Centenarians Today: New Insights on Selection from the 5-COOP Study. Current Gerontology and Geriatrics Research, Issue 1(2010).

P113　図11／デンマーク
Signe Høi Rasmussen, Mikael Thinggaard, Majken Boris Højgaard, Bernard Jeune, Kaare Christensen, Karen Andersen-Ranberg. Improvement in Activities of Daily Living Among Danish Centenarians?—A Comparative Study of Two Centenarian Cohorts Born 20 Years Apart. The Journals of Gerontology: Series A, Vol.73, Issue 8(2018).

P113　図11／日本
Yasuyuki Gondo. Facts and findings in centenarian studies and its furher perspectives.　Japanese Journal of Gerontology Vol.28-4(2007).

P149　図14
P153　図15
Yukie Masui, Yasuyuki Gondo, Chieko Kawaai, Yoichi Kureta, Midori Takayama. et al. The characteristics of gerotranscendence in frail oldest-old individuals who maintain a high level of psychological well-being: A preliminary study using the new gerotranscendence questionnaire for Japanese elderly. Japanese Journal of Gerontology　Vol.35-1(2013).

［付録］

100歳と付き合うための5つの方法

1　あるがままを受け入れる

身体機能や認知機能が衰え、病気がちになるのも当然のことです。100年間生きてきたこと、それだけで立派なことです。超高齢者の存在をそのまま受け入れるようにしましょう。

2　効率、能率を押しつけない

介助をしたり世話をしたりする時は、どうしても効率的、能率的にやろうと考えます。しかし現実は、なかなかそうならないものです。そういう発想を横に置いて、ゆったりと構えることが必要です。そして世話をする側も完璧を求めずに力を抜くことが大切です。

3　できるだけ安心を与える

相手に頼ることができると思うようになると、人は安定します。否定ではなく肯定を、ネガティブではなくてポジティブに。安心して過ごしてもらう方策を考えてみたいものです。

4 時には昔の話を聞く

認知症を発症すると、現在のことは覚えていないことが多いですが、昔のこと、特に若い頃の記憶ははっきりしているものです。誕生日や年の初めなどの特別な日に、昔のことを話してもらってはどうでしょうか。歴史を感じられたり、意外な発見があったりします。また本人も、話を聞いてもらうと心が落ち着きます。

5 超高齢者の幸福感が高いことを知る

体が不自由でも、寝たきりでも、幸福感が高い場合が多いのです。家族やまわりの人にはなかなか想像できなかったり気がつかなかったりするかもしれませんが、「100歳には100歳の楽しみ」があるのです。

本書は書き下ろしです。

権藤恭之
ごんどう・やすゆき

1965年神戸生まれ。大阪大学大学院人間科学研究科教授。老年心理学。日本老年社会科学会（理事）。日本応用老年学会（常任理事）。The Gerontological Society of America（Fellow）。2000年より慶應義塾大学と共同で東京都23区の百寿者、および全国の超百寿者を対象とした訪問面接調査を行っている。2010年からは東京都健康長寿医療センター研究所、慶應義塾大学医学部と共同で、高齢者の縦断調査SONICを開始。超高齢者を対象に健康長寿を達成するための要因を研究しながら、どうすれば超高齢期を幸せに過ごすことができるのか、その環境づくりを考えている。2020年から兵庫県朝来市で古民家再生に取り組む。

カバーイラスト／朝野ペコ
カバーデザイン／FROG KING STUDIO
編集協力／及川道比古
校正／麦秋アートセンター
本文図版作成、DTP／高羽正江

ポプラ新書
262
100歳は世界をどう見ているのか
データで読み解く「老年的超越」の謎
2024年8月5日 第1刷発行

著者
権藤恭之

発行者
加藤裕樹

編集
浅井四葉

発行所
株式会社 ポプラ社
〒141-8210 東京都品川区西五反田3-5-8
JR目黒MARCビル12階
一般書ホームページ www.webasta.jp

ブックデザイン
鈴木成一デザイン室

印刷・製本
TOPPANクロレ株式会社

N.D.C.367/198P/18cm/ISBN978-4-591-18258-1

P8201262

生きるとは共に未来を語ること　共に希望を語ること

昭和二十二年、ポプラ社は、戦後の荒廃した東京の焼け跡を目のあたりにし、次の世代の日本を創るべき子どもたちが、ポプラ（白楊）の樹のように、まっすぐにすくすくと成長することを願って、児童図書専門出版社として創業いたしました。

創業以来、すでに六十六年の歳月が経ち、何人たりとも予測できない不透明な世界が出現してしまいました。

この未曾有の混迷と閉塞感におおいつくされた日本の現状を鑑みるにつけ、私どもは出版人としていかなる国家像、いかなる日本人像、そしてグローバル化しボーダレス化した世界的状況の裡で、いかなる人類像を創造しなければならないかという、大命題に応えるべく、強靭な志をもち、共に未来を語り共に希望を語りあえる状況を創ることこそ、私どもに課せられた最大の使命だと考えます。

ポプラ社は創業の原点にもどり、人々がすこやかにすくすくと、生きる喜びを感じられる世界を実現させることに希いと祈りをこめて、ここにポプラ新書を創刊するものです。

未来への挑戦！

平成二十五年　九月吉日　株式会社ポプラ社